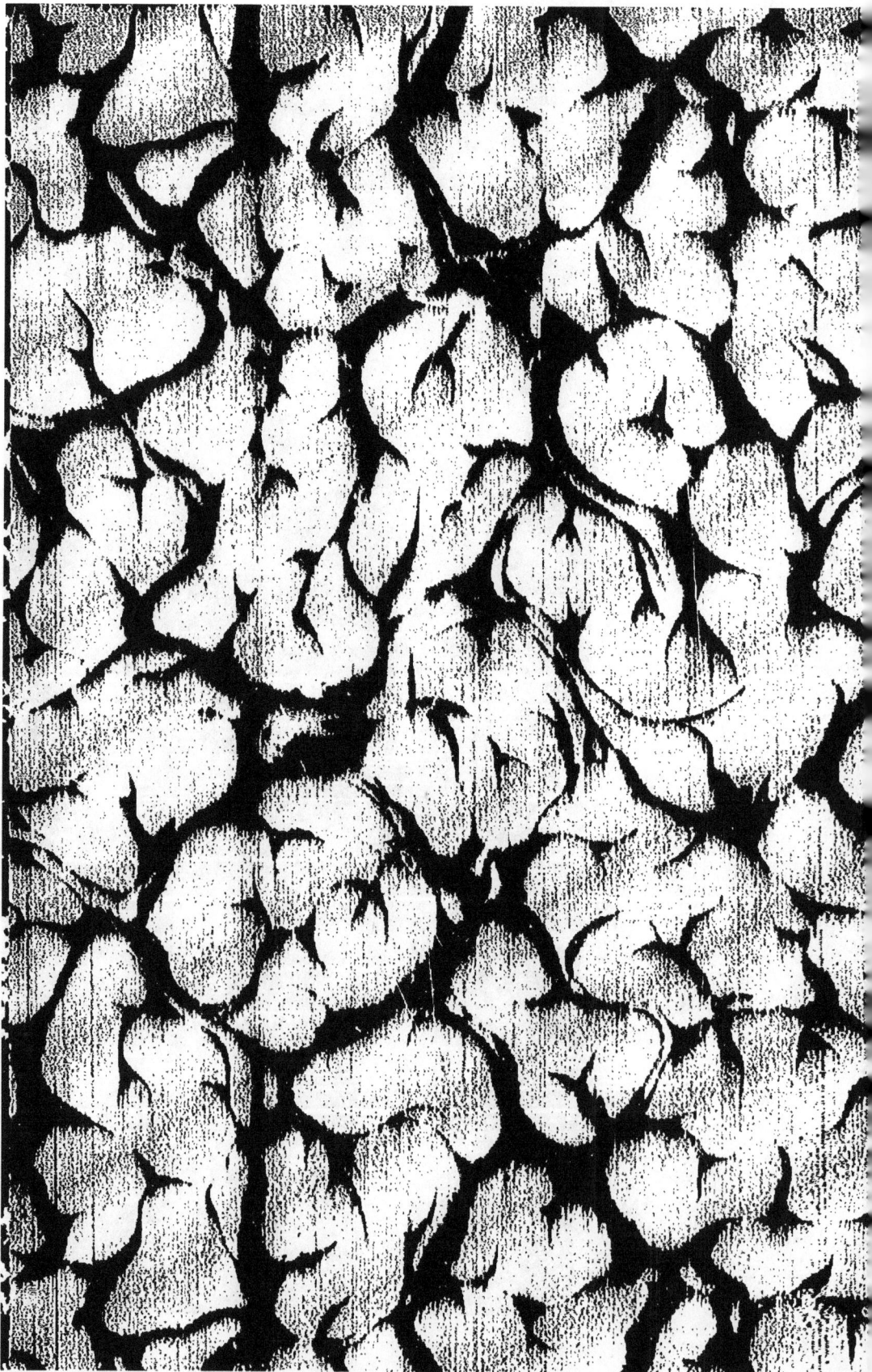

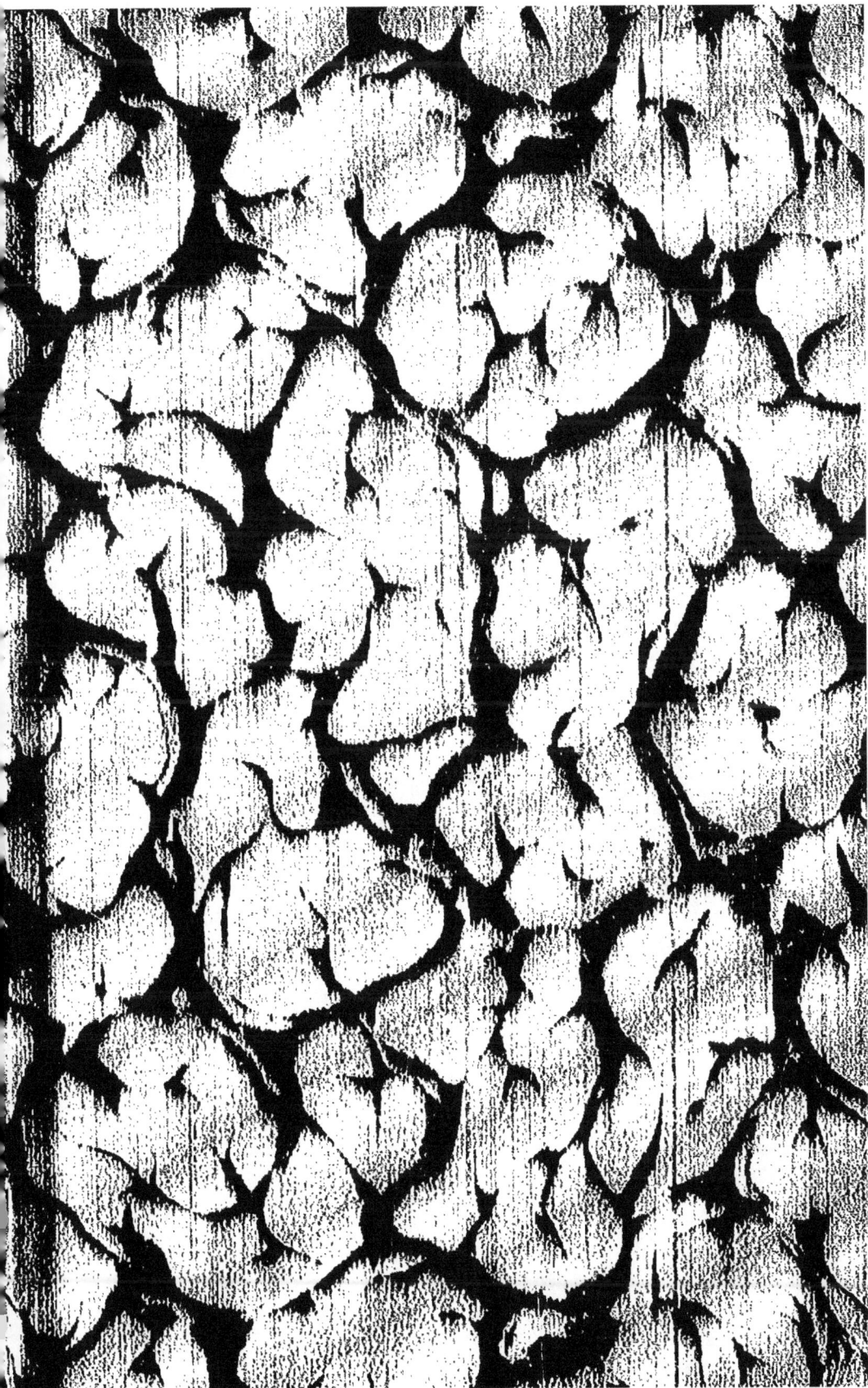

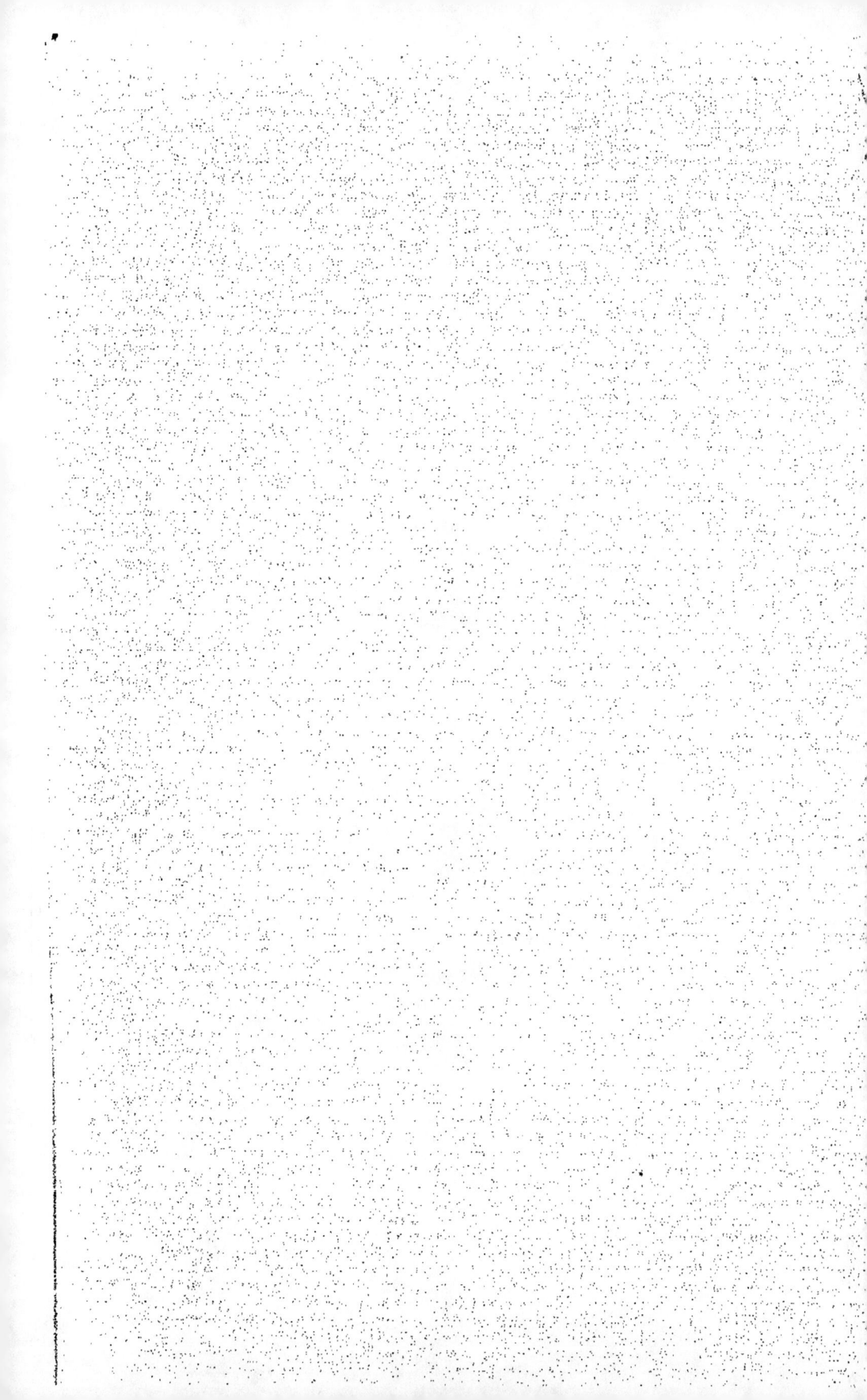

PRIX : 60 centimes.

GAWLIKOWSKI

GUIDE COMPLET

DE LA

DANSE

PARIS

ERNEST FLAMMARION, ÉDITEUR

26, rue Racine, 26.

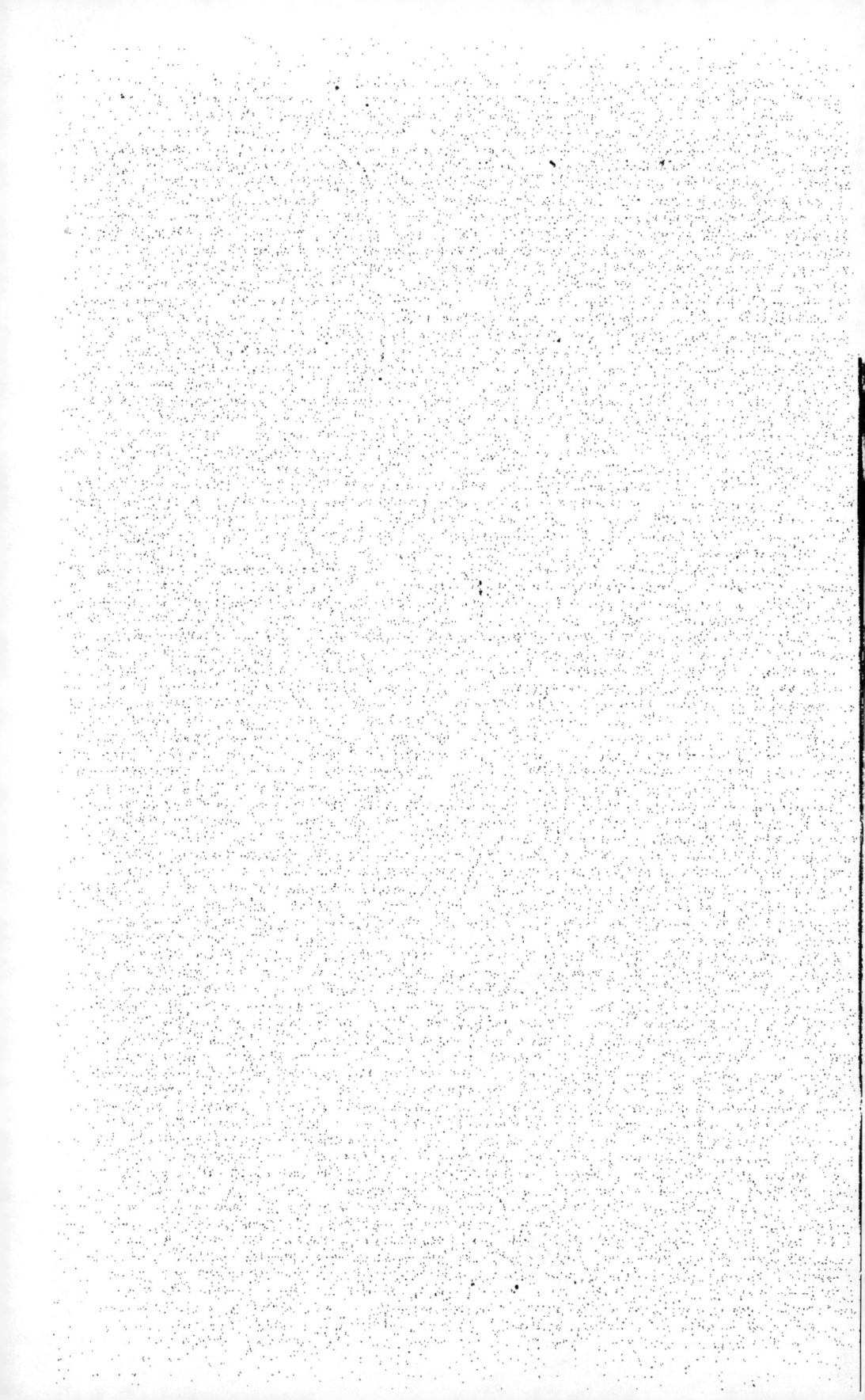

GUIDE COMPLET
DE LA DANSE

ÉMILE COLIN. — IMPRIMERIE DE LAGNY

GAWLIKOWSKI

Professeur de danse à Paris

GUIDE COMPLET

DE

LA DANSE

CONTENANT

LE QUADRILLE — LE NOUVEAU QUADRILLE
CROISÉ OU QUADRILLE AMÉRICAIN — LA POLKA
LA POLKA-MAZURKA — LA REDOWA
LA SCHOTTISCH — LA VALSE — LE QUADRILLE
DES LANCIERS — TOUTES LES FIGURES
DU COTILLON
QUELQUES ANCIENNES DANSES

PARIS

LIBRAIRIE MARPON ET FLAMMARION

E. FLAMMARION, SUCCESSEUR

26, RUE RACINE, PRÈS L'ODÉON

—

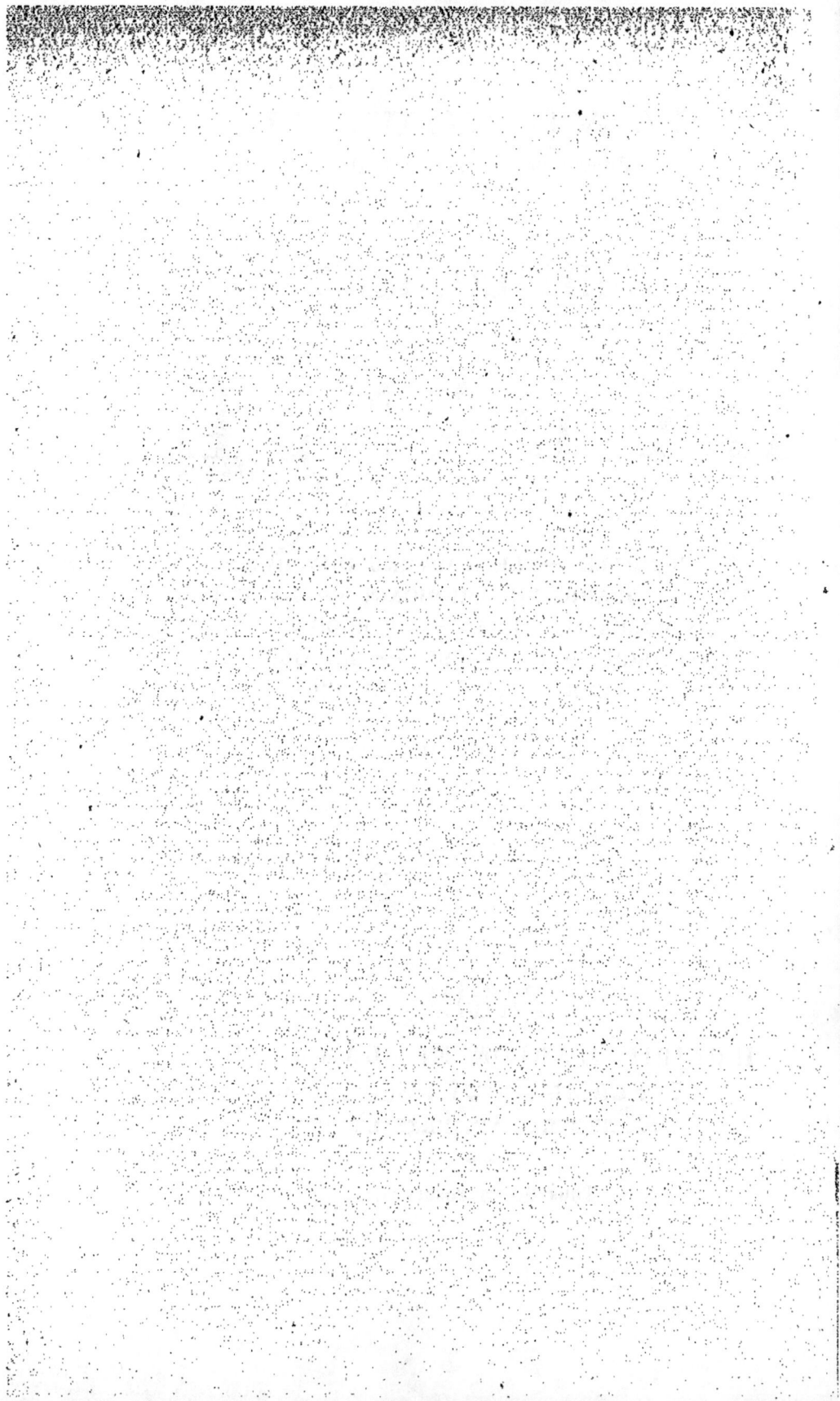

PRÉFACE

Il est de bon goût maintenant de s'étendre dans les préfaces sur leur parfaite inutilité ; le préambule n'est plus cette insinuation par laquelle on arrive adroitement au sujet, et l'on semble s'étudier à n'y rien dire, dans la crainte, apparemment, que le lecteur qui passe les premiers feuillets ne fasse une trop grande perte en ne les lisant pas. Nous nous

conformerons donc à l'usage. C'est bien ! voici
quelques lignes de griffonnées ; supposons la
page entière noircie. A merveille ! Voici la
formule remplie et la préface terminée. De
ma plus belle main, j'écris donc pompeuse-
ment ce titre :

QUADRILLE FRANÇAIS

Et je commence : *Pour exécuter cette danse,
quatre couples....* Non ! il n'en sera pas ainsi.
Dussé-je paraître le plus inconséquent des
professeurs, c'est-à-dire celui qui prend le
ton de l'enseignement même dans ce qui n'est
pas de son domaine, je déchargerai ici ma
tête alourdie de ses études d'hier ; je crierai
que Pindare, dans son lyrique délire, disait :
Jupiter *danseur ;* que Platon, qui chassait la
poésie, appelait à lui la *danse ;* je ne veux pas
mourir d'érudition rentrée ! C'est que j'avais

rêvé un petit chapitre que j'aurais intitulé : *Notes pour servir à une conversation sur la danse.* Puis j'avais déclaré ce titre préten- tieux ; j'avais repoussé l'idée comme vaine et ambitieuse, et voici qu'elle revient s'imposer à moi !

Mais je me console en me disant : j'appelle sur moi tous les reproches de pédantisme, heureux si dans ce que j'ai à grand'peine amassé le lecteur rencontre un seul détail qui lui plaise, pierre brute à laquelle son imagination trouvera des facettes inatten- dues.

Si je ne craignais de remonter au déluge et même un peu plus haut, je dirais qu'on soupçonne le fils de Caïn, qui inventa la musique, d'avoir aussi créé la danse. Quelle était cette danse? On peut penser qu'elle

différait peu de celle qui célébra l'heureux
passage de la mer Rouge, où Marie, sœur
d'Aaron, à la tête des chœurs des femmes
d'Israël sorties de leurs demeures, une cym-
bale à la main, chantait : « Gloire à Jéhovah !
il a renversé dans la mer le cheval et le cavalier. »

C'est la danse sacrée. Voulons-nous deux
exemples opposés l'un à l'autre pour bien
définir la sacrée et la profane, et tous deux
pris dans la sainte Écriture? Un Père grec
nous dira : « Dans ton amour des joies et des
fêtes, s'il faut absolument que tu danses,
soit : tu peux danser; mais que ce ne soit pas
la danse horrible d'Hérodiade, qui lui valut
comme récompense la tête de Baptiste, mais
la sainte allégresse de David autour de l'arche
arrêtée ! »

Les dieux, la vaillance, les plaisirs, voilà

les sources grecques de l'art de Terpsichore. La Grèce aura donc et la danse sacrée et la danse guerrière, et les danses qui prendront les divers caractères de ce peuple-protée.

Voulez-vous voir danser des déesses? Le vieil Hésiode ouvre ainsi son poëme *de la Nature des Dieux :*

« C'est aux Muses de l'Hélicon qu'il faut adresser les prémices de nos chants. Grande et divine est la montagne qu'elles habitent. Autour d'une fontaine noire (à cause de la nuit) et de l'autel du puissant Saturne, dansent leurs pieds nus et tendres. C'est en sortant leurs beaux corps des eaux du Permesse qu'elles allèrent conduire des chœurs admirables sur le sommet de l'Hélicon. Trépignant avec force, dans l'élan de la danse, avec l'épaisse atmosphère pour voile, elles s'avan-

çaient la nuit, et laissaient monter leurs voix
harmonieuses : elles célébraient Jupiter qui
porte l'égide et Junon vénérable. »

Ne dirait-on pas qu'Hésiode, au pied de la
montagne, a écouté leurs chants quand elles
se penchaient dans l'espace pour se faire
entendre de lui, et qu'à la lueur d'une étoile
il a entrevu leurs danses ?

La danse sacrée des Grecs, que nous voyons
là dans son enfance, est la seule que Platon
approuve, et c'est à elle que Lucien donne
pour première origine les chœurs des astres,
la conjonction des planètes et des étoiles fixes
et leurs admirables concerts.

Maintenant Homère peut nous montrer ses
guerriers dansant pour se désennuyer de la
longueur du siège de Troie ; à son magique

appel, les femmes apparaissent sur le seuil
de leurs portes, et elles regardent l'épousée
conduite par la ville et les jeunes gens qui
chantent : Hyménée ! former des rondes au
son de la flûte et de la lyre.

Quoi de plus célèbre que le bouclier qu'à la
prière d'une déesse Vulcain façonna pour
Achille ! Eh bien ! ce sont des *danses*, ce sont
des *chœurs* de jeunes garçons et de jeunes
filles qui y sont ciselés et qui en font tout le
prix aux yeux du bon Homère. Pour répondre
aux chants d'un poète divin qui s'accompagne
de la lyre, des danseurs s'avancent au milieu
des rondes qui tournent comme la roue du
potier, et ils pirouettent ainsi que des premiers sujets d'Opéra.

A propos de l'Opéra, si nous lui joignons
la Comédie-Française, où l'on joue parfois

encore la tragédie ; si à ces deux premiers
théâtres on ajoute les autres théâtres et les
concerts, nous aurons les plaisirs du Parisien
dispersés aux quatre coins de la capitale. En
Grèce, la poésie (avec le drame et les chants
lyriques), la danse et la musique se réunis-
saient en une trilogie, et emplissaient une
seule scène et composaient une seule pièce.
Sophocle, par exemple, faisait le drame, et,
pour préparer les événements et reposer des
émotions, sans aller chercher l'aide d'un
autre poète, il intercalait la superbe poésie
de ses chœurs. Les choristes, pour employer
la locution moderne, étaient un groupe de
jeunes filles ou bien de vieillards, sages repré-
sentants d'une nation. Ils dansaient circu-
lairement dans un sens pour chanter la
strophe, et pour l'antistrophe ils tournaient
en sens opposé. La musique perdue de ces
chants lyriques n'était pas à dédaigner,

puisque c'est de cette école de musiciens que
sortit Timothée, qui faisait passer à son gré
le grand Alexandre des cris aux sanglots et
des pleurs au rire. Voilà comment les Grecs
entendaient l'entr'acte !

L'harmonie, c'est là le secret de l'art grec.
Pour ne pas déformer leur visage, les comé-
diens portaient des masques. Et même dans
le combat, à cet instant où le moindre de nos
soucis est le souci de la beauté de nos poses,
ils voulaient frapper en cadence ; témoin
l'inscription thessalienne : *Le peuple élève
une statue à Élation, pour avoir bien* DANSÉ
un combat. Les Spartiates, que la flûte et les
chants de Tyrtée conduisaient à l'ennemi,
puisaient dans leur continuel exercice de la
danse cette précision de mouvements qui en
faisait les plus redoutables des soldats.

A l'époque de Lucien, triste temps où la

Grèce fournissait à Rome des sophistes et des histrions, les jeunes gens encore ne prenaient pas une leçon de lutte qu'ils ne la terminassent par une danse. Pindare, qui s'est immortalisé en célébrant les vainqueurs du pugilat et à la course de chars, ne dédaignait pas de composer des chansons exclusivement consacrées à la danse. Que l'on dise donc à Rossini de faire la musique d'une poésie qu'aurait faite Lamartine, air et chant qu'entonnerait en dansant un chœur de jeunes garçons et de jeunes filles !

Mais aussi la danse, entendue ainsi, a été proclamée *irréprochable* par le bon Homère, qui, sans la séparer des champs de la lyre, et l'unissant à la vaillance et à la prudence, en fait une des trois qualités du héros.

Je m'arrête; car je vais ressembler à Lucien et à ceux qui, avec lui, se sont passionnés pour cet art. Comme eux, je pourrais paraître prêt à dire que, pour être un danseur consommé, il faut avoir toutes les perfections corporelles des statues grecques et faire mouvoir en maître *la colère, la passion et la raison*, trio de qualités qui, réunies, font des poètes de la puissance d'Homère. J'ai voulu seulement montrer dans le génie grec, comme trait distinctif, l'union de tous les beaux-arts, entente parfaite qui donnait pâture aux yeux, aux oreilles et à l'esprit.

Je n'ai pas parlé de leurs danses de caractère. On peut imaginer où pouvait descendre le peuple qui divinisait les passions, qui déjeunait avec Diogène et soupait chez Aspasie. L'Athénien, par exemple, venait écouter gravement Platon; il courait ensuite rire aux *Nuées* d'Aristophane qui traînait dans la fange Socrate, le maître du disciple tout à l'heure

applaudi. Qu'il me suffise de dire qu'il est
certaines danses qu'Aristophane se défendait
d'avoir fait danser à sa muse. Il est pourtant
une danse d'une exquise délicatesse que men-
tionne Lucien, le *Collier* : le danseur y dé-
ploie la force et l'adresse de l'homme ; la danseuse, la grâce de la femme.

C'est là une exception.

Le Midi cherchera toujours les passions
jusque dans ses plaisirs. Je n'étonnerai donc
pas en disant que l'*Angrismène*, danse vo-
luptueuse que les Grecs modernes ont conservée de leurs ancêtres, offre plus d'un rap-
port avec la *Chica* des nègres ; que cette Chica,
rapportée par les Espagnols de leurs voyages,
a pu inspirer le Boléro, le Fandango, la Ca-
chucha ; que ces danses espagnoles ont fait
fureur en France, et n'ont eu, au seizième

siècle, d'autres rivales que les danses ita-
liennes. Je pourrais aussi faire entrevoir les
siècles du moyen âge : dans ce temps où,
suivant la révélation de Victor Hugo, les pen-
seurs pensaient avec la pierre, parlaient avec
les églises gothiques, les serfs, eux, tout en-
tiers à la danse Macabre, écrivaient par leurs
contorsions, montraient par leurs rondes in-
fernales leur haine des seigneurs et leur
amour de la sorcellerie libératrice.

Étudierai-je les causes qui ont fait passer
aux danses du Nord l'empire que tenaient
celles du Midi, et succéder la *Mazurka*, la
Polka, la *Valse*, au Menuet, à la Chaconne?

Non! j'ai hâte d'exprimer toute ma dou-
leur de voir la décadence de mon art en
France.

J'invoque la médecine, j'allais dire Escu-

tape; j'appelle à mon secours la tradition
qui nous montre les Napolitains, dans les
évolutions d'une Tarentelle effrénée, faisant
sortir de leurs pores, ouverts par la transpi-
ration, le venin de la morsure de la taren-
tule. Capitaine Cook, venez nous dire comment vous préveniez la maladie à bord de
votre vaisseau ; pourquoi vos matelots, sur
votre ordre, dansaient-ils la Hornpipe, peut-
être plus vive que la Tarentelle? Eumène,
vaillant défenseur d'Alexandre et de sa fa-
mille, dis-nous ton stratagème ; dis qu'as-
siégé dans une citadelle tu maintins gras, et
robe luisante de santé, tes chevaux en atta-
chant leur bride à un pilier et en les faisant
sauter et danser à coups de fouet. Cela ne
suffit pas? Qu'un docteur ouvre ses livres,
qu'il feuillette des dictionnaires et qu'il nous
apprenne que, seule de tous les exercices du
corps, la danse développe autant le buste

que les membres, donne autant de force que
de grâce.

Las! rien n'y fait. Nous ne sommes pas encore, il est vrai, arrivés à pouvoir nous écrier
comme ce Turc qui voyait, après un Menuet,
un seigneur du siècle dernier s'essuyer le
front : « Vous dansez vous-même! nous, nous
faisons danser. » Mais déjà nous avons résolu
le problème de danser sans pas, c'est-à-dire
sans danser. Ce n'est pas aux jeunes Français
que l'on pourrait dire ce qu'aux jeunes Grecs
disait le refrain d'une chanson : « En avant,
jeunes gens, allongez la jambe et divertissez-
vous bien »; c'est-à-dire, dansez le plus possible.

En France, on ne peut se divertir en dansant bien, un proverbe s'y oppose : *Le plaisir
est ennemi de la gêne.*

GUIDE COMPLET
DE LA DANSE

QUADRILLE FRANÇAIS

Qui se douterait maintenant que c'était dans le Quadrille qu'autrefois tout bon danseur devait se signaler, et que, pour créer cette danse, devenue si simple qu'on la laisse aux enfants, il a fallu la réunion des efforts successifs de plusieurs coryphées, en même temps musiciens remarquables? Celui qui persisterait à vouloir considérer le Quadrille

comme la danse nationale ferait une injure
gratuite au goût français. Qu'il dise seulement, comme nous, qu'en France on ne sait
rien garder de ce qui peut avoir un cachet de
nationalité.

Il n'est plus de vrai quadrille. Celui-là s'en
est allé avec les salons immenses des hôtels
spacieux, avec cette recherche qui portait le
danseur de ville à rivaliser avec le danseur de
théâtre. Il nous a étourdi avec la mono-
tonie de ses cinq éternelles figures. A
l'engouement a succédé l'indifférence, aux
pas élégants jusqu'au raffinement les pas né-
gligés jusqu'à la prétention. Il n'est resté
qu'une danse bénigne qui repose des évolutions de la Polka, du vertige et de la senti-
mentalité de la Valse, une sorte de promenade symétrique, de causerie agréable, où le
cavalier fait briller son esprit et la dame sa
parure ; quelque chose enfin de modeste, qui

demando un coin d'un salon déjà exigu, après avoir empli une salle do château ; qui délasse après avoir fatigué, et qui, tant qu'on dansera, aura sa place, comme tout ce qui est un terrain neutre où divague la fantaisie de chacun.

DESCRIPTION DU QUADRILLE FRANÇAIS

Il se compose de cinq figures.

Quatre couples, les dames étant à droite des cavaliers, s'avancent et se placent en carré. Le couple qui part le premier est le couple n° 1, son vis-à-vis le n° 2 ; le couple de droite le n° 3, celui de gauche le n° 4.

PREMIÈRE FIGURE

Le Pantalon.

Le pantalon commence par une *chaîne anglaise* entière, exécutée par deux couples qui se font vis-à-vis, continue par un *balancé* des cavaliers à leurs dames (16 mesures). Puis les deux dames de vis-à-vis s'avancent en se donnant la main pour faire la *chaîne des dames*, allée et retour par lesquels elles reviennent trouver leurs cavaliers (8 mesures). Ensuite elles vont exécuter avec eux une *demi-promenade* et une *demi-chaîne anglaise*, pour que chacun regagne sa place (8 mesures).

Même figure pour les deux autres couples n° 3 et n° 4.

DEUXIÈME FIGURE

L'Été.

L'été se compose d'un *avant-deux* (1).

(1) Les en avant-deux s'exécutent en allant légère-

deux fois répété par le cavalier n° 1 et la dame n° 2 du vis-à-vis (8 mesures). Puis ils traversent pour changer de place et refaire un *avant-deux*, un seul, cette fois (8 mesures); ensuite ils reviennent chacun à sa place (8 mesures). Pendant ce traversé, la dame n° 1 et le cavalier n° 2, laissés seuls, *balancent*. Puis c'est à leur tour de faire cette figure.

Même figure pour les deux autres couples n° 3 et n° 4.

TROISIÈME FIGURE

La Poule.

Le cavalier n° 1 et la dame n° 2 du vis-à-vis arrivent assez lentement (1) l'un vers

mont à droite, et les traversés en obliquant un peu à gauche.

(1) Dans l'origine, au lieu de cette lenteur qui est de mode aujourd'hui, il y avait un double traversé qui remplissait les 8 mesures; il faut maintenant attendre l'instant de se donner les mains.

l'autre pour se donner la main gauche
(8 mesures). Les mêmes donnent aussi leur
main droite, le cavalier nº 1 (à sa dame
laissée à sa place, la dame nº 2 à son cavalier resté jusque-là sans avancer. Ils forment
ainsi une chaine, et tous quatre, ils balancent (4 mesures); puis ils se dédoublent couple
par couple pour traverser et changer de place
en exécutant une *demi-promenade* (4 mesures) ; ensuite le cavalier et la dame qui
ont figuré au commencement de la figure
font un double *avant-deux* qui se complique
par un *avant-quatre* terminé lui-même par
une *demi-chaîne anglaise*, pour regagner
chacun sa place (16 mesures). Ensuite c'est
au cavalier nº 2 et à la dame nº 1 de recommencer.

Même figure pour les deux : autres couples.

QUATRIÈME FIGURE

La Pastourelle.

Le cavalier nº 1 conduit sa dame en avant et en arrière, puis la reconduit une deuxième fois, et recule à sa place après l'avoir laissée au cavalier nº 2 du vis-à-vis, qui la reçoit de la main gauche et qui donne sa main droite à sa propre dame (8 mesures). Ainsi placé au milieu des deux dames, ce second cavalier, qui était resté seul, fait avec elles un *avant-trois*, puis recule, avance une deuxième fois et les laisse à son partenaire (8 mesures), le premier cavalier (1). Celui-ci exécute à son tour,

(1) On voit que deux fois un cavalier reste seul dans la Pastourelle : d'abord le cavalier nº 1, ensuite le cavalier nº 2. Autrefois le danseur saisissait cette occasion, où il était en vue de tous, pour déployer toutes les grâces de son art. Il exécutait en quelque sorte un solo de danse.

accompagné des deux dames, la figure, c'est-
à-dire qu'il répète deux fois l'*avant-trois* (8
mesures).

Les quatre personnes se donnent la main
pour faire un *demi-rond* à gauche, qu'elles
font suivre d'une *demi-chaîne* pour regagner
leurs places (8 mesures). C'est au couple n° 2
de faire la contre-partie de cette figure.

Même figure pour les autres couples.

Nota. Autrefois, le second en avant-trois
était remplacé par un solo, c'est-à-dire le cavalier allait seul deux fois en avant et en arrière.

CINQUIÈME FIGURE

Finale.

La *finale* se compose, comme la deuxième,
l'*été*, de deux *avant-deux* (1) et d'un *traversé*,

(1) Autrefois l'avant-deux était précédé d'un *chassé-*

puis d'un autre *avant-deux* et d'un autre *traversé*, enfin d'un retour à sa place pour balancer.

C'est ainsi qu'on finit le Quadrille dans les bals officiels et dans les grands salons ; mais en petit comité, avec ses intimes, au lieu de répéter l'*été*, on fait le *galop* ou la *saint-simonienne*.

Les deux cavaliers de vis-à-vis, n° 1 et n° 2, tenant leurs dames par la taille ou bien croisant leurs mains avec elles, exécutent un galop en passant à la droite l'un de l'autre et décrivent ainsi un cercle un peu allongé (8 mesures). Une fois à leurs places, ils avancent et reculent couple par couple, puis les cavaliers changent à la fois de dame et de place (8 mesures). Suit alors la *chaîne des dames*

croisé dont la musique n'est pas supprimée. Et maintenant, pendant ces huit mesures, les danseurs attendent l'instant de commencer l'avant-deux.

(8 mesures). Avec leurs dames changées, ils s'avancent l'un vers l'autre et reculent. Et, reprenant enfin leurs dames et leurs places (8 mesures), ils recommencent le galop et la figure.

Même figure pour les deux autres couples, n° 3 et n° 4.

De l'ordre de départ des couples. — Il n'y a d'autres règles pour déterminer quel couple ouvrira le Quadrille que celles que dicte la bienséance. Si la maîtresse de maison danse, si quelques personnes d'âge ou d'importance participent au Quadrille, c'est au couple dont elles font partie à donner le signal. Quelquefois encore, en cas de grande incertitude, l'usage tranche la difficulté en faisant partir le premier le couple voisin de l'orchestre.

Ce premier pas franchi, reste à savoir, pour l'*été*, qui des deux couples vis-à-vis (qui à la première figure sont partis ensemble) com-

mencera cette fois le premier. Les mêmes
embarras se renouvellent; ils sont surmontés
de la même façon, et, le couple n° 1 ainsi
fixé, le Quadrille se poursuit sans encombre.

Les figures expliquées, il me reste à déve-
lopper les termes techniques employés à
l'occasion de ces figures.

Chaîne anglaise.

Les deux couples qui se font face s'avancent
l'un vers l'autre, puis cavaliers et dames se
quittent les mains pour pouvoir passer les
uns entre les autres. Le rôle des cavaliers est
d'obliquer un peu à leur gauche, c'est-à-dire
en dedans, pour que les dames puissent traverser en dehors. Les couples ont ainsi changé
de place et n'ont fait qu'une *demi-chaîne anglaise*. En refaisant de la même manière le

traversé, chaque couple revient à sa place, et, pour finir, le cavalier et la dame doivent se faire face pour *balancer*.

Le *balancé* ne consiste plus guère maintenant qu'en un salut légèrement prononcé de la part des cavaliers. On a supprimé le tour de main qui autrefois le complétait.

Chaîne des dames.

Les deux dames n° 1 et n° 2 traversent en se donnant la main droite, puis elles mettent leur main gauche dans la main gauche du cavalier n° 2 du vis-à-vis, et exécutent alors un tour à gauche. Puis les deux dames reviennent se donner la main droite ; elles redonnent aussi la main gauche à leurs cavaliers. Mais la mode, dans le monde, a supprimé le tour qu'on exécute la première fois.

Promenade.

La *demi-promenade,* que l'usage ancienne-
ment appelait du nom étrange de *demi-queue
du chat,* consiste dans le cercle à droite que
font en traversant dame et cavalier en se donnant la main gauche pour changer de place.
S'ils revenaient de la même manière à leur
place primitive, ils exécuteraient la *promenade* entière.

LE NOUVEAU QUADRILLE CROISÉ
ou QUADRILLE AMÉRICAIN

PREMIÈRE FIGURE

La Promenade.

Les quatre couples ouvrent le quadrille en
allant à droite, les uns à la suite des autres,
jusqu'à la place occupée par leur vis-à-vis
(4 mesures); puis les deux premiers couples
font en avant-quatre répété après les deux
autres (4 mesures). Ensuite les premiers
couples reviennent à leur place, en ayant
soin de se tenir sur les côtés, les dames devant être au milieu, et les deux autres couples

exécutent à leur tour le même traversé (4 mesures). A ce moment, les dames placées au centre du quadrille se donnent la main droite pour le moulinet, font ensuite un tour de main gauche avec le cavalier qui est en face d'elles, et regagnent leur place après avoir reformé le moulinet (8 mesures). Même moulinet exécuté par les cavaliers (8 mesures), et reprise de la figure.

DEUXIÈME FIGURE

La Corbeille.

Cette figure se compose de deux parties presque identiques, dont l'une est exécutée d'abord par les cavaliers, et l'autre reproduite après par les dames.

Les quatre couples forment un grand rond et tournent sur la gauche (8 mesures); les dames se placent dos à dos au centre du quadrille et les cavaliers forment un nouveau rond autour d'elles (4 mesures), puis chaque cavalier fait un demi-tour de mains avec sa dame, afin de pouvoir changer de place (4 mesures). C'est alors qu'a lieu la contre-partie de la figure : les cavaliers, à leur tour, se placent dos à dos au milieu du quadrille, et les dames forment un rond autour d'eux (4 mesures). Enfin, la figure se termine par un tour de mains, après quoi chacun revient à sa place (4 mesures). Reprise de la figure.

TROISIÈME FIGURE

Traversée.

Cette figure, assez compliquée, exige beaucoup d'attention, surtout chez les cavaliers.

Ce sont les dames qui ouvrent la figure; les deux premières, puis les deux autres, qui sont en face l'une de l'autre, changent de

place (4 mesures). Même mouvement exécuté
ensuite par les deux premiers cavaliers, puis
par les seconds ; après avoir changé de place,
ils offrent la main gauche à leur dame et la
main droite à la dame qui se trouve placée à
leur droite ; de cette façon, il se forme un
grand rond au centre duquel ils tournent le
dos (4 mesures). Balancé : rétrécissement et
élargissement successif du rond (4 mesures).
Grand rond : on revient prendre sa place sans
se séparer, mais les dames, suivies de leurs
cavaliers, n'oublieront pas de se diriger toujours sur leur droite (4 mesures). Les cavaliers commencent alors les petits ronds ; ils
en font d'abord un sur place avec leurs dames,
et, en le terminant, ils doivent se trouver le
dos tourné au centre du quadrille (4 mesures). Ils font le second avec la dame qui
est à leur gauche (4 mesures), le troisième
avec la nouvelle dame de gauche (4 mesures),

et le quatrième avec la quatrième dame, pour terminer chacun à sa place (4 mesures). Reprise de la figure.

QUATRIÈME FIGURE

Nouvelle Pastourelle.

On retrouve dans cette figure les principaux traits qui appartiennent à la pastourelle de notre vieux quadrille français. Il y a en quelque sorte plus de recherche, plus de science, dans la nouvelle pastourelle, et cependant nous croyons qu'on en saisira facilement les détails, car chacun d'eux s'exécute dans un espace de temps compris par huit mesures de l'orchestre.

Les premiers couples débutent par un avant-quatre; puis les deux premiers cavaliers conduisent leur dame au cavalier placé à leur droite, après quoi ils reviennent seuls à leur place (8 mesures); en avant-six par les se-

conds cavaliers qui se trouvent côte à côte,
car ils sont placés entre deux dames, ils vont
avec elles, avançant et reculant tour à tour,
puis, pendant qu'ils exécutent leur mouvement en arrière, les deux premiers cavaliers,
qui à ce moment-là sont cavaliers seuls, font
en avant-deux; les seconds cavaliers conduisent ensuite au cavalier de droite la dame
qui est à leur droite, au cavalier de gauche la
dame à leur gauche, et enfin retournent seuls
à leur place (8 mesures). Répétition de en
avant-six, mais cette fois par les premiers cavaliers qui, en se reculant, laissent faire en
avant-deux aux seconds (8 mesures). Les 8
danseurs réunis forment alors demi-rond sur
la gauche, et s'arrêtent à la place qu'occupent
leurs vis-à-vis; enfin, la figure se termine par
un autre demi-rond sur la droite, ce qui permet à chacun de revenir à sa place (8 mesures). Reprise de la figure.

CINQUIÈME FIGURE

Boulangère et Corbeille.

Cette figure est sans contredit la plus originale du nouveau quadrille américain : elle ne contient, pour ainsi dire, aucun détail qui appartienne en propre à notre quadrille.

Les quatre couples commencent, comme pour la deuxième figure, à former un grand rond, et galopent en tournant sur leur gauche (8 mesures). Nouveau rond formé au centre du quadrille, mais seulement cette fois par les dames qui se donnent les mains. Ensuite les cavaliers, à leur tour, se donnent les mains devant les dames en passant leurs bras au-dessus de ceux de leurs danseuses, et, dans cette position, autre galop en rond sur la gauche (8 mesures). Dès que les cavaliers

sont parvenus à leur place, ils ne se séparent
pas, mais lèvent les bras pour que les dames
passent dessous, et se mettent à tourner autour d'elles qui se sont préalablement placées
dos à dos au centre du rond (4 mesures).
Puis, chaque cavalier, aussitôt qu'il est arrivé
en face de sa danseuse, lui entoure la taille
de son bras droit et fait un tour sur place
avec elle (4 mesures). Enfin, les cavaliers se
donnent la main gauche pour former un
moulinet, et le tournent en galopant avec
leur dame (8 mesures). Reprise de la figure,
terminée par un grand rond.

QUADRILLE DES LANCIERS

Le Quadrille des Lanciers, comme le Quadrille ordinaire, se compose de cinq figures; mais il ne se danse qu'à huit personnes. Vouloir augmenter ou diminuer le nombre des couples, ce serait détruire le caractère de cette danse. On se place comme pour le Quadrille français. Le couple qui est devant le cavalier qui part le premier prend le n° 2, celui qui est à sa droite le n° 3, celui de gauche le n° 4. L'orchestre joue quatre fois les quatre premières figures et huit fois la dernière.

PREMIÈRE FIGURE

Le Dorset ou les tiroirs.

Le cavalier du couple n° 1 et la dame du
couple vis-à-vis qui a le n° 2 vont en avant et
en arrière (4 mesures), s'avancent de nouveau pour faire un tour de mains (4 mesures),
et reviennent chacun à sa place. Le même
cavalier n° 1, pour exécuter les *tiroirs*, prend
de sa main droite la main gauche de sa dame,
avec laquelle il passe au milieu du couple
n° 2, et celui-ci pendant ce temps traverse en
les laissant passer. Les deux couples ont
ainsi changé de place et se retournent l'un
vers l'autre. Alors le cavalier qui a passé en
se retournant de la gauche à la droite de sa
dame revient avec elle en dehors, pour que
le cavalier n° 2 qui tient, cette fois, dans sa

gauche la droite de sa dame, passe au milieu (8 mesures). Ensuite chaque cavalier fait deux saluts (le premier à gauche, le second à droite) à la dame de gauche, qui répond par deux révérences, et, après un tour de main avec la même dame de gauche, il revient à sa place.

Contre-partie par le couple n° 2.

Même figure pour les couples n° 3 et n° 4.

DEUXIÈME FIGURE

La Victoria ou les lignes.

Le couple n° 1 part en avant deux fois, mais à la seconde fois le cavalier laisse sa dame en face de lui près du cavalier vis-à-vis n° 2, et il recule lui-même à sa place (8 mesures). Tous deux chassent à droite et à gauche (4 mesures), puis font un tour de mains

par lequel la dame se place à côté du cavalier
de droite n° 3, et le cavalier près de la dame
de gauche n° 4. Au même instant le couple
de vis-à-vis n° 2 se sépare également pour se
placer comme celui-ci, la dame à droite et le
cavalier à gauche. Tous les couples ainsi forment deux *lignes* (4 mesures); puis ils vont
en avant et en arrière, tous les huit. Chaque
cavalier de sa main droite prend la droite
de sa dame pour revenir à sa place (8 mesures).

Contre-partie pour le couple n° 2.

La même figure pour les couples n° 3 et
n° 4.

TROISIÈME FIGURE

Le moulinet ou la double chaîne des dames.

La dame du couple n° 2 s'avance seule. Le

cavalier conducteur nº 1 avance à son tour. Puis ils font, le cavalier un salut, la dame une révérence prolongée (8 mesures). Ensuite les quatre dames se donnent les mains droites pour former le *moulinet* et faire un demi-tour, après lequel elles donnent leur main gauche aux cavaliers qui leur font face, et font avec eux un *tour de mains*, comme dans la *chaîne des dames* du Quadrille français (8 mesures). Elles reforment encore le *moulinet* pour aller à leurs places exécuter un *tour de mains*, mais cette fois avec leurs cavaliers respectifs (4 mesures).

Contre-partie pour le couple nº 2.

Même figure pour les couples nº 3 et nº 4.

QUATRIÈME FIGURE

Les visites ou les révérences à droite et à gauche.

Le couple n° 1 va en visite au couple de droite n° 3, les cavaliers des deux couples saluent et les dames font la révérence (4 mesures). Le même cavalier et la même dame n° 1 vont également en visite au couple de gauche n° 4; saluts et révérences (4 mesures) après lesquels ces couples n° 1 et n° 4 font deux *chassés-croisés*, l'un à droite, l'autre à gauche, suivis chacun d'un balancé (1) (4 mesures); puis *chaîne anglaise* du couple n° 1 avec le couple de vis-à-vis n° 2 (8 mesures).

Contre-partie pour le couple n° 2.

(1) La mode, qui a déjà tant simplifié le balancé, l'a supprimé cette fois et remplacé par un repos.

Même figure pour les couples n° 3 et n° 4.

N. B. La visite se fait aussi double, c'est-à-dire deux couples partent à la fois.

CINQUIÈME FIGURE

Les Lanciers ou la grande chaîne plate.

La *grande chaîne plate* ouvre les *Lanciers*; elle prend 8 mesures. Pour l'exécuter, les cavaliers donnent d'abord leur main gauche (1) à leurs dames, puis vont sur leur droite offrir alternativement leurs mains droite et gauche. En même temps, les dames partent sur la gauche et donnent alternativement leurs mains gauche et droite. Et quand, au milieu de la chaîne, le cavalier et la dame d'un

(1) Faire la chaîne plate de la main gauche est une innovation qui appartient aux *Lanciers*. Elle se fait ordinairement de la main droite.

couple se rencontrent, saluts et révérences, qui se renouvellent quand, la chaîne faite, ils arrivent à leurs places.

Le cavalier conducteur, tenant de sa main droite la main gauche de sa dame, se retourne en faisant une petite promenade et en obliquant à droite, puis revient à sa place, où il tourne le dos à son vis-à-vis le couple n° 2 (4 mesures). Le couple de droite n° 3 arrive ensuite se placer derrière lui (2 mesures); le couple de gauche n° 4 en fait autant (2 mesures); le n° 2, lui, est tout naturellement placé dans cette position. Et chaque couple alors exécute un *chassé-croisé* à droite et à gauche et un *balancé* (1) après chaque chassé-croisé (8 mesures). Après quoi les cavaliers font une promenade en dehors et à gauche, les dames également en dehors, mais à droite. Ils reviennent ensuite à leurs places pour

(1) Voir la note de la page 47.

4

former leurs deux lignes comme avant (1).
Les quatre couples, dont les cavaliers sont
sur une ligne et les dames sur une autre, font
en avant et en arrière un *avant-huit* (4 mesures) et un tour de mains pour reprendre
leurs places (4 mesures).

Contre-partie pour le couple n° 2.

Même figure pour les couples n° 3 et n° 4.

On termine la cinquième figure et les *Lanciers* avec elle par la *grande chaîne plate*.

(1) Les dames et les cavaliers doivent, en arrivant
à leur place, laisser assez d'espace entre eux pour
pouvoir exécuter l'avant-huit.

MAZURKA

—

C'est dans la Mazurka que les Polonais
révèlent leur originalité. Pour leur verve
créatrice rien n'est déterminé, ni l'ordre des
figures, ni l'enchaînement des pas; il n'y a
pas de loi là où règne l'imagination. On com-
prend qu'une telle incertitude ne peut aller
avec cet amour des choses faciles que l'on a
en France. Placé entre ces deux écueils,
décrire la Mazurka qui serait trop polonaise,
c'est-à-dire trop difficile, ou bien faire une
Mazurka qui, trop simplifiée, n'en serait plus

une, je me contenterai de donner la description des pas. Quant aux figures, je renvoie aux figures du Cotillon-Mazurka.

Je me bornerai à rappeler que la musique est d'un mouvement animé et d'une expression libre, que le nombre des motifs est laissé au caprice du compositeur, que chaque figure est toujours précédée et suivie d'une *promenade* et d'un *holubiec*, et que l'on commence la Mazurka par un grand rond à gauche (8 mesures), puis à droite (8 autres mesures).

La PROMENADE se compose de ces évolutions, de ces circuits, de ces tours faits en serpentant ou en ondulant, qu'exécute le cavalier en tenant de la main droite la main gauche de sa dame. C'est dans la *promenade*, comme dans l'*holubiec* (nous le décrirons parmi les pas), que se décèle tout bon danseur de Mazurka.

PREMIER PAS

Pas glissé ou de la Mazurka.

On saute légèrement sur le pied droit en avançant et en glissant (4e position) assez en avant le pied gauche (1er et 2e temps) ; puis on relève le pied droit derrière, également à une certaine distance (3e temps), pour recommencer de l'autre pied.

DEUXIÈME PAS

Pas de Basque polonais.

On saute sur le pied droit en passant la jambe gauche en avant. On la tient en l'air, puis on la pose à terre en la glissant en avant (1er et 2e temps). Ensuite on rapproche d'elle le pied droit en donnant un petit coup de talon pour relever aussitôt le pied gauche devant (3ᵉ temps) : ce qui, en terme technique, s'appelle *coupé-dessous*.

TROISIÈME PAS

Pas appelé boiteux.

Comme pour le premier pas de la Mazurka, on saute légèrement sur le pied droit en glissant le pied gauche en avant, à la 4ᵉ position (1ᵉʳ et 2ᵉ temps) ; puis on rapproche le pied droit du gauche en donnant un petit coup de talon, et on relève aussitôt le pied gauche devant (3ᵉ temps). On continue en attaquant toujours du même pied.

QUATRIÈME PAS

Pas Polonais.

S'exécute toujours du même pied dans les promenades, et des deux pieds alternativement dans les ronds.

On frappe du talon gauche le talon droit ; on éloigne le pied gauche, en termes de l'art, à la 2ᵉ position (1ᵉʳ et 2ᵉ temps) ; on rapproche ensuite le pied droit en le glissant près du gauche (3ᵉ temps).

Ce troisième temps s'exécute avec un nouveau coup de talon du droit contre le gauche.

CINQUIÈME PAS

1° L'Holubiec en avant ou le Tour sur place en avant.

Pour terminer les *promenades* et préparer

l'exécution de *l'holubiec*, le cavalier, tenant
sa dame de la main droite, la fait passer dans
son bras gauche, en levant aussitôt la jambe
droite en arrière. Dans cette position, il
commence *l'holubiec* en laissant tomber et
en portant la jambe droite à la *quatrième
position devant*; puis il pivote et fait un
changement de pied sur les deux pointes
(1er et 2e temps); il relève aussi la jambe
droite en arrière, en la tenant assez éloignée
(3e temps).

Ce pas s'exécute quatre fois de suite.

2° L'Holubiec en arrière ou le Tour sur place en arrière.

Le cavalier, tenant sa dame dans son bras
droit, porte le pied gauche *en arrière* pour
faire une assemblée, pivote et fait un change-

ment de pied sur les pointes (1er et 2e temps) ;
puis il relève la jambe gauche un peu tendue
(terme technique : *sissonne tendu*).

N. B. Dans la Mazurka polonaise, les promenades sont toujours suivies et du tour sur
place en avant et du tour sur place en arrière.

Quant à l'enchaînement des pas, il est
laissé au goût du danseur. S'il est assez maître
de lui pour pouvoir s'abandonner à l'entraîne-
ment de l'inspiration, non seulement il saura
passer, sans un air emprunté, d'un pas à un
autre, mais il en créera de nouveaux qui
porteront l'empreinte de sa personnalité.
Nous nous bornerons à lui dire que le *pas
boiteux* et le *pas polonais* conviennent surtout aux rondes, et que les promenades
s'accommodent de tous les autres. Mais ne
fixons pas de règles là où il ne faut que de
l'indépendance. Ainsi, si le danseur se sent
assez de hardiesse, il saura, entre les pas,

intercaler des repos, sans perdre de vue la
mesure, donner fièrement son double coup de
talon et mettre de l'originalité et une certaine
aisance belliqueuse dans les ondulations de
la *promenade*.

La dame doit seconder, par une sorte de
divination, les inspirations de son danseur.
Elle supprime les coups de talon du *pas de
Basque*, et l'entremêle, au gré de sa fantaisie,
de petits pas courus et glissés. Elle exécute
l'*holubiec* en avant quand le cavalier le fait
en arrière, et *vice versâ*.

VALSE A TROIS TEMPS

———

POSITION DU CAVALIER ET DE LA DAME

Le cavalier se place en face de sa dame; de son bras droit il tient sa taille, et de la main gauche il prend sa main droite. La Valse à trois temps s'exécute en avant, en arrière, sur place, soit par caprice, soit par quelque empêchement qui survient. Elle se danse le plus généralement à droite, mais les danseurs qui ne redoutent pas la difficulté peuvent valser à gauche.

DESCRIPTION DU PAS

Le cavalier passe le pied gauche devant sa dame (1er temps); il rapporte ensuite le pied droit derrière le pied gauche (2e temps); puis il pivote sur les deux pieds en montant légèrement sur les pointes pour ramener le pied droit devant (3e temps); il porte le pied droit en avant (4e temps), glisse le pied gauche de côté, en ayant soin d'aller légèrement en avant, de manière à dépasser un peu le pied droit (5e temps) (1), et il ramène le pied droit devant (6e temps).

(1) Il faut, en passant le pied gauche en avant, tourner un peu sur le pied droit pour préparer le 6e temps. Passer le pied gauche en avant est une condition si essentielle pour bien valser, c'est-à-dire

La dame fait le même pas, mais en partant du pied droit.

Ces six temps que nous avons décrits forment deux pas de Valse et prennent deux mesures.

Pour avertir sa dame, le cavalier fait précéder le pas d'une préparation.

Cette préparation consiste à poser le pied droit en avant (1er temps), à rester dans cette position pendant le deuxième temps, puis, pour le troisième, à sauter légèrement sur le même pied droit, en levant aussitôt la jambe gauche en avant ; c'est alors que l'on commence le pas de Valse, pour lequel on n'a qu'à poser le pied gauche.

---

bien tourner et faire tourner sa dame, que ceux qui *chassent* au lieu de passer le pied gauche ont les plus grandes difficultés à vaincre. C'est une remarque que j'ai eu l'occasion de ne faire que trop fréquemment.

VALSE A DEUX TEMPS

La musique est la même que celle de la Valse à trois temps ; seulement elle doit être exécutée sur un mouvement plus pressé et plus accentué.

POSITION DU CAVALIER

Le cavalier ne doit pas se placer en face de sa dame, comme dans la Valse à trois temps ; mais, la tenant par la taille, il doit avoir le soin de plier légèrement les genoux, de se placer à sa droite et de s'incliner un peu sur son épaule droite, position qui lui donne la facilité de l'entraîner et de se lancer hardiment.

PRÉPARATION DU PAS

Double glissé-chassé du même pied.

DESCRIPTION DU PAS

La Valse à deux temps devrait s'appeler Valse à deux pas, puisque, étant à trois temps, elle se compose de deux pas dont le premier, le *glissé*, prend les deux premiers temps de la mesure et laisse le troisième au second pas, le *chassé*, seule différence avec le pas du *galop*, où le *glissé* et le *chassé* se

font chacun pendant un temps. On a long-
temps prétendu et on prétend encore que la
Valse à deux temps devait se valser à contre-
mesure. C'est une erreur ; car les deux pas
doivent compter dans la mesure, l'un pour
une blanche, l'autre pour une noire.

Le cavalier glisse le pied gauche pendant
les deux premiers temps de la mesure (valeur d'une blanche dans la mesure à trois-
quatre), puis, pour le troisième temps et le
deuxième pas, il rapproche le pied droit pour
chasser son pied gauche. Même pas du pied
droit.

La dame fait le même pas en partant du
pied droit.

Cette Valse s'exécute à droite, à gauche,
en allant en avant, en arrière. Le cavalier
qui doit conduire doit préférablement valser
en avant, et la dame qui est conduite valse

alors en arrière. Mais, si le cavalier s'est as-
suré qu'il n'y a pas ou n'y aura pas d'obstacle,
il pourra aller en arrière, et cette fois la dame
ira en avant.

POLKA

La musique est à deux-quatre, d'un mouvement modéré.

Le pas peut se décomposer en quatre parties, s'exécutant chacune en un temps.

Le cavalier, ayant le pied gauche levé près
de la jambe droite, saute légèrement sur le
pied droit et glisse aussitôt le pied gauche
en avant (1er temps); il ramène ensuite le
pied droit derrière (2e temps); puis il saute
sur le pied gauche en avant (3e temps), et

lève la jambe droite derrière en la rappro-
chant de la cheville, et il reste dans cette position encore un temps, ce qui fait le 4ᵉ et
dernier temps. Alors il repart de l'autre
jambe.

Si on voulait employer les termes techniques, on s'exprimerait ainsi :

Sauter sur le pied droit ; *glissé* du pied
gauche en avant (1ᵉʳ temps) ; *coupé dessous*
du pied droit (2ᵉ temps) ; *jeté* du pied gauche ;
levé de la jambe droite (3ᵉ temps) ; rester dans
cette position pour le quatrième temps.

La Polka s'exécute suivant l'impulsion du
cavalier à droite, à gauche, en avant, en arrière.

N. B. — Maintenant la mode remplace le
saut du premier temps par un petit *glissé*.

SCHOTTISCH

———

La musique est sur une mesure à deux-quatre ou à quatre; le mouvement est modéré; mais il faut que la composition musicale soit bien rythmée, et surtout que le quatrième temps soit accentué.

DESCRIPTION DU PAS

Le pas comporte seize temps ou quatre mesures.

Le cavalier glisse le pied gauche (1er temps) ; il reporte le pied droit derrière le talon gauche (2e temps) ; il fait un *jeté* du pied gauche (3e temps) ; ensuite il saute un peu sur le même pied (4e temps) ; puis il refait ces quatre temps en partant du pied droit, ce qui fait huit temps. Et il complète les seize temps, qui font quatre mesures, par huit temps de *sauteuse*, c'est-à-dire qu'il saute deux fois alternativement sur chaque pied.

Le pas de la dame est le même, sauf qu'elle part du pied droit.

REMARQUE

On voit que le premier pas de la Schottisch est un pas de Polka allongé et suivi d'un petit saut.

Quant au pas de sauteuse, j'ai prévu l'effroi

que causeraient au bon goût les huit petits
sauts, et, en les remplaçant par quatre *glissés*
et *chassés* alternatifs, comme dans la Valse à
deux temps, j'ai eu le bonheur de voir cette
légère innovation bien accueillie de la société.
Et, à peine importée en France, la Schottisch
se dansait dans les salons ainsi modifiée.

POLKA-MAZURKA

La musique est à trois-quatre, d'un mouvement lent; cette danse se compose pour le cavalier et la dame de *valses* à droite et à gauche, de *poursuites* réciproques et de *balancés*. Le pas, qui, comme le nom de la danse l'indique, est un pas de Mazurka suivi d'un pas de Polka allongé, exige du compositeur cette condition générale de ne pas mettre dans sa musique de valeurs inégales, comme

une noire pointée et une croche, et de faire
toujours sentir les trois temps dans sa mélo-
die. Le pas convient à ces différentes figures.

DESCRIPTION DU PAS

Le cavalier glisse le pied gauche de côté
(1er temps), rapporte le pied droit contre le
talon gauche et aussitôt lève le pied gauche
en avant (2e temps); puis il ramène en l'air
ce pied gauche derrière en sautant légèrement
sur le pied droit (3e temps); le quatrième et
le cinquième temps ne sont que la répétition
du premier et du deuxième. Pour le sixième,
comme dans la Polka, on tombe sur le pied
gauche en relevant la jambe droite en arrière;
ce qui fait six temps et deux mesures pour
l'exécution du pas complet. Refaire le même
pas de l'autre jambe.

Les dames partent, elles, du pied droit ; c'est la seule différence de leur pas avec celui des cavaliers.

Pour accoutumer le lecteur aux termes techniques, voici le pas expliqué en quelques lignes.

Glissé (1er temps) ; *coupé dessous* (2e temps) ; *fouetté derrière* (3e temps) ; *glissé* (4e temps) ; *coupé dessous* (5e temps) ; *jeté devant* (6e temps).

RÉDOWA

La musique est à trois-quatre, d'un mouvement plus lent que celui de la Valse à trois
temps.

POSITION

Celle de la Valse à trois temps.

PAS

Le cavalier, en s'enlevant légèrement sur le

pied droit, passe en tournant un peu le pied gauche devant, ce qui, en terme technique, s'appelle : *jeté du pied gauche ;* puis il ramène, et en le glissant, le pied droit derrière et un peu éloigné, à la quatrième position (1er et 2e temps) ; il reporte ensuite le pied droit devant (3e temps) ; après quoi il exécute le *pas de Basque* du pied droit, en rapportant le pied droit devant, à la troisième position. (Voir *Mazurka,* page 53.)

La dame fait le même pas, seulement elle commence par le pas de Basque.

N. B. Dans le pas de Basque de la Mazurka, les trois temps sont bien distincts et égaux, ce qui convient à l'énergie de cette danse ; mais dans la Rédowa, dont la nature est d'être lente et gracieuse, les deux premiers temps doivent être presque fondus ensemble, de sorte que le *glissé* semble la prolongation du premier.

PRÉPARATION DU PAS

Glissé (1er et 2e temps) ; rapporter le pied droit, sur lequel on saute légèrement, et lever aussitôt le pied gauche en avant (3e temps) ; terme technique, *coupé dessous.*

FIGURES DE LA RÉDOWA

Cette danse s'exécute en *poursuites réci- proques*, en valses et en *balancés*, comme la valse à deux temps.

Quand, il y a une dizaine d'années, en intro- duisant la Rédowa dans le monde, j'en publiai la description et la musique, les poursuites et les balancés avaient un pas particulier ; mais la société aime, dans tout ce qu'on lui soumet, à faire les changements qui favorisent ses aises ou, pour mieux dire, son amour des choses faciles ; et maintenant les poursuites, comme les balancés, s'exécutent avec un seul et même pas, celui que nous avons décrit.

Seulement, dans le balancé, le pas de Basque se fait de côté, à gauche et à droite.

LE COTILLON

Le Cotillon est cette danse qui emprunte à quelques-unes des danses que nous avons esquissées leurs plus belles figures, qui en ajoute d'autres dont le nombre varie suivant le caprice ; c'est cette charmante conclusion d'une soirée qui en résume toutes les émotions et tous les plaisirs. Que l'on suppose quelque sauvage contempteur de la danse transporté au milieu d'un salon, si alors la Polka ne l'a pas entraîné, si la Valse ne l'a

pas attiré dans ses orbes gracieuses, si la
Mazurka ne l'a pas rempli d'une ardeur presque belliqueuse, soyez convaincu qu'il ne res-
tera pas sans être intérieurement sensible au
charme du Cotillon. Car, pour le Cotillon, les
danseurs lassés retrouvent leurs forces, les
lustres versent de nouvelles cascades de lu-
mière ; fleurs, robes et visages reprennent
une dernière splendeur, qui est celle du bal
qui va finir.

Pour former un Cotillon, on s'assied en
demi-cercle ; mais la fête est complète quand
il y a assez de couples dansants pour que le
cercle soit entier.

Et même on veille bien à ranger les sièges
le plus près du mur possible, pour laisser une
plus large arène aux évolutions de cette armée dansante.

A toute armée il faut un chef, et ce général, qui est le *cavalier conducteur*, doit éta-

blir son empire et faire exécuter les figures
de sa fantaisie sans prendre une voix sonore
et soldatesque ou bien le pédantisme du sa-
vant.

Il part le premier avec sa dame, exécute la
figure de son choix, et la manière dont il
l'exécute doit être un enseignement, car le
second couple la répète, puis le troisième, et
ainsi de suite.

C'est au cavalier conducteur à bien faire
suivre les figures par gradation de difficulté;
à lui de commander à l'orchestre pour la va-
riation des airs ; à lui de bien choisir l'instant
pour indiquer le changement de figure. Dans
son goût de bon danseur et d'ordonnateur de
cette sorte de ballet, et dans l'entière sou-
mission des autres couples, reposent l'en-
train et l'animation du Cotillon.

Ce n'est pas dans ce résumé que je préten-
drais montrer toutes les règles du Cotillon, ni

au cavalier conducteur qui sait, ni même aux autres danseurs qui, en voyant l'exécution, mieux que dans un livre, en comprendront le mécanisme et l'agencement : trouver et faire pour l'un, imiter pour les autres, voilà en quoi consiste le Cotillon.

Je n'ai eu d'autre intention que de grouper par ordre de difficulté quelques figures, les principales. C'est un thème dont l'imagination du cavalier conducteur fera les variations; et, pour les autres cavaliers, ce sera une sorte d'apprentissage pour mériter le grade de conducteur du Cotillon.

Certaines figures sont enfantines, d'autres compliquées. Au cavalier conducteur de faire un agréable bouquet où la fleur simple et la fleur composée se mélangent et s'alternent. Le nombre, la force, les dispositions des danseurs, les nécessités de l'heure et du local, les mille circonstances qui peuvent donner carrière à l'imprévu, devront influencer et varier son choix. Pour les noms des figures, j'ai cru devoir conserver ceux qui étaient le plus répandus dans le monde, sans en chercher d'autres ou plus simples ou plus exacts.

COTILLON-MAZURKA

PREMIÈRE FIGURE (A DEUX COUPLES)

Après la promenade et l'holubiec par le
couple conducteur et le couple invité, les
deux couples se placent vis-à-vis l'un de
l'autre; puis, en avançant, les cavaliers changent de dame, et, avec les dames changées,
ils exécutent la promenade suivie de l'holubiec, après quoi ils se replacent de nouveau

en face l'un de l'autre, pour que chaque cavalier reprenne sa dame et la reconduise à sa
place en exécutant la promenade suivie de
l'holubiec.

Même figure pour les autres couples

DEUXIÈME FIGURE (A TROIS COUPLES)

Départ simultané de trois couples. Promenade et holubiec. Choix d'une dame par
chaque cavalier et d'un cavalier par chaque
dame. Les cavaliers forment alors un moulinet en se prenant la main gauche et en unissant le bras droit au bras gauche de leurs
dames. Le premier, le troisième, le cinquième
cavalier dansent dans les intervalles, c'est-à-
dire entre les ailes du moulinet, et pendant ce
temps les autres couples marchent avec lenteur. Puis, à un signal, c'est aux couples

marchants de danser, et à ceux qui dansaient de s'arrêter et de marcher en se donnant les mains pour former le moulinet. Promenade et holubiec.

Même figure pour les autres couples.

TROISIÈME FIGURE (A DEUX COUPLES)

Après la promenade et l'holubiec par le couple conducteur et le couple invité, les deux cavaliers s'avancent l'un vers l'autre, et, quittant leurs dames, ils se donnent le bras gauche à la saignée. Ils font ainsi un demi-tour pour changer de dame, et, avec les dames changées, ils exécutent la promenade suivie de l'holubiec. Puis les cavaliers se redonnent le bras gauche pour reprendre de la même manière leurs dames, avec lesquelles ils exé-

cutent, en les reconduisant à leur place, la
promenade et l'holubiec.

Même figure pour les autres couples.

QUATRIÈME FIGURE (A TROIS COUPLES)

Promenade et holubiec par les trois couples.
Chaque cavalier choisit une dame, et *vice
versâ*, et l'on dispose un moulinet. Puis, à un
moment donné, les dames avancent d'un cavalier et continuent ainsi le moulinet. Puis, à
un autre signal, les cavaliers, à leur tour,
avancent d'une dame jusqu'à ce que chacun
ait retrouvé sa dame. Promenade et holubiec.

Même figure pour les deux autres couples.

CINQUIÈME FIGURE (A DEUX COUPLES)

Après la promenade et l'holubiec, le couple
conducteur et le couple invité forment le
moulinet : les cavaliers, se plaçant en croix,
se donnent, ainsi que leurs dames, la main
droite. Dans cette position, dames et cavaliers
tournent à gauche (4 mesures), puis, en changeant de mains, reviennent à droite (4 mesures). Après quoi les cavaliers changent de
dames pour exécuter avec elles la promenade
et l'holubiec. Ensuite la figure se recommence
pour que les cavaliers reprennent leurs dames,
qu'ils reconduisent à leur place, en finissant
par la promenade et l'holubiec.

Même figure pour les deux autres couples.

SIXIÈME FIGURE (A DEUX COUPLES)

Après la promenade et l'holubiec, chaque cavalier choisit une dame, et *vice versâ*. Les quatre couples ainsi formés se placent comme pour le Quadrille, et les dames se détachent des cavaliers, qui reviennent à leur place pour former un moulinet. Elles font un tour puis vont donner la main gauche à leurs cavaliers pour faire l'holubiec. Elles retournent former le moulinet, et, à chaque tour de moulinet, elles vont prendre un cavalier, mais en remontant d'un rang, jusqu'à ce qu'elles aient retrouvé celui du commencement de la figure. Promenade et holubiec.

Même figure pour les autres couples.

SEPTIÈME FIGURE (A DEUX COUPLES)

Après la promenade et l'holubiec par le couple conducteur et le couple invité, les deux couples font *l'avant-quatre* sur une face. Les cavaliers quittent leurs dames pour prendre les deux mains des dames de leurs partenaires, avec lesquelles ils font quatre pas de côté sur les ailes (*chassé ouvert*). Là, ils quittent seulement la main gauche de leurs dames, et changent de face, ainsi qu'elles, par un quart de tour, chacun sur soi-même ; puis ils recommencent *l'avant-quatre* de manière à avancer vis-à-vis de leurs propres dames, qu'ils reprennent de la main droite pour exécuter sur la première face la *chaîne anglaise double* (8 mesures). Puis les cavaliers changent de dame pour faire la pro-

monade et l'holubiec; après quoi on recommence la figure, que les cavaliers terminent
en reprenant leurs dames et en les reconduci-
sant à leur place par la promenade et l'holubiec.

Même figure pour les autres couples.

HUITIÈME FIGURE (A QUATRE COUPLES).

Promenade et holubiec. Les quatre couples
se disposent comme pour le Quadrille. Chaque
cavalier des deux couples de vis-à-vis, en
gardant sa dame, prend de la main gauche
chaque dame du couple de gauche, qui laisse,
de cette manière, son cavalier à sa place. Les
deux cavaliers de vis-à-vis, au milieu chacun
de leurs deux dames, s'avancent au-devant
l'un de l'autre, et reculent (4 mesures).

Alors, pour changer en quelque sorte la

face de la figure, les cavaliers de vis-à-vis envoient aux cavaliers de gauche les dames
qu'ils avaient à leurs côtés, en les faisant
croiser et en faisant passer la dame de gauche
sous leur bras droit. Les deux nouveaux cavaliers de vis-à-vis, ayant chacun deux dames
à leurs côtés, recommencent la figure, qui
se répète quatre fois. Promenade et holubiec.

Même figure pour les autres couples.

NEUVIÈME FIGURE (A TROIS COUPLES)

Promenade et holubiec par le couple conducteur et les deux couples invités (pour
exécuter l'holubiec, les trois couples forment
un triangle qui doit être le plus symétrique possible). Nouvelle promenade du nouvel holubiec par le couple conducteur seul, dont le cavalier alors laisse sa dame pour aller prendre

la main du cavalier et celle de la dame du
couple de droite, et faire ainsi à trois un rond à
gauche. Puis, loyant son bras gauche qui tient
le bras droit de la dame, de la main droite il fait
passer le cavalier dessous. Celui-ci va à son
tour faire le même rond avec l'autre couple
(le troisième), qui est également à sa droite,
et faire passer de même sous son bras le troisième cavalier, qui vient trouver la dame du
couple conducteur laissée par son cavalier
seule à sa place, pour exécuter avec elle la
promenade et l'holubiec. Ensuite cette dame
reste encore seule à sa place pendant que le
troisième cavalier va à son tour exécuter le
rond à trois. La figure se continue par les
mêmes personnes jusqu'à ce que le cavalier
conducteur revienne près de sa dame. Promenade, holubiec par les trois couples.

Même figure pour les autres couples.

DIXIÈME FIGURE (A TROIS COUPLES)

Après la promenade et l'holubiec exécutés
par le couple conducteur et les deux couples
invités, les dames se donnent la main droite
pour former au centre le moulinet, en tournant à gauche (4 mesures); pendant ce temps,
les cavaliers, sans se donner la main, tournent à droite, au dehors, jusqu'à ce que chacun ait rencontré sa dame pour lui faire faire
un demi-tour de main, et, prenant ainsi, au
centre, sa place au moulinet, tourner à
gauche (4 mesures). Les dames, qui, cette
fois, par ce demi-tour, ont été placées au dehors, sans se donner les mains, tournent à
droite. Le moulinet recommence par les dames
qui reviennent au centre et les cavaliers qui
vont au dehors. Enfin, revenant pour la

deuxième fois au contre, les cavaliers prennent de la main droite la main gauche de leurs dames, pour leur faire regagner leur place par une promenade suivie d'un holubiec.

Même figure pour les autres couples.

ONZIÈME FIGURE (A DEUX COUPLES)

Promenade et holubiec. Chaque cavalier garde sa dame et en choisit une autre qu'il prend de la main gauche. Les cavaliers se placent en face l'un de l'autre, avancent, reculent avec leurs dames (4 mesures); puis ils avancent encore une fois, mais en laissant les dames à leurs places. Les deux cavaliers font alors un tour entier, en se croisant le bras droit à la saignée; puis ils vont faire un autre tour avec leurs dames, en leur donnant le

bras gauche de la même manière. Nouveau
tour avec les bras droits croisés. Puis ils croi-
sent le bras gauche, pour faire un tour avec
la dame choisie. Après, ils exécutent une promenade avec la dame primitive et la dame
choisie. Arrivés près de la place de cette dernière dame, ils l'y envoient en la faisant passer sous leur bras droit. La promenade se continue avec la première dame et se termine
par un holubiec.

Même figure pour les autres couples.

DOUZIÈME FIGURE (A TROIS COUPLES)

Après la promenade et l'holubiec par le
couple conducteur et les deux couples invités,
on forme un rond à six ; on tourne à gauche
(4 mesures), puis à droite (4 mesures) (1).

(1) On peut ne faire qu'un tour.

Alors le cavalier, qui tient de la main droite sa dame et de la gauche une dame partenaire, recule en les entraînant avec lui, de manière à rompre en deux le rond, et la dame partenaire qui lui fait face recule pareillement en entraînant les deux autres cavaliers. Ensuite le cavalier et ses deux dames, la dame et ses deux cavaliers, avancent au-devant l'un de l'autre, puis reculent. Après quoi ce cavalier et cette dame s'avancent seuls pour faire un tour de main droite. Le tour fait, ils se quittent et vont donner leur main gauche, le cavalier à sa dame qui se trouvait à sa droite, la dame à son cavalier qui se trouvait également à sa droite, et font, ainsi placés, un nouveau tour. Ils reviennent encore au milieu faire un tour de main droite, et vont faire encore un tour de main gauche avec l'autre dame et l'autre cavalier, ce qui complète l'X. Cet X achevé, ils font un troisième tour de

main, et se retrouvent, le cavalier au milieu
de ses deux dames, la dame au milieu de ses
deux cavaliers. On s'avance alors *en avant
six*, de manière que chaque cavalier reprenne
sa dame, qu'il reconduit à sa place par la promenade et l'holubiec.

Même figure pour les autres couples.

TREIZIÈME FIGURE (A TROIS OU QUATRE COUPLES)

Promenade et holubiec. Choix d'une dame
par chaque cavalier et d'un cavalier par chaque dame. Rangs successifs de deux cavaliers
en face desquels se forment deux par deux
les rangs des dames. Les deux premiers cavaliers et les deux premières dames font, en
rond, un tour entier à gauche. Au moment où
ce tour va s'achever, les cavaliers lèvent les
bras pour laisser passer dessous les dames,

qui vont faire, en rond, un tour semblable
avec les deux cavaliers suivants. Pendant ce
temps, les deux premiers cavaliers ont été
tourner avec les deux dames suivantes, et,
en épuisant les rangs des dames, ils arrivent
à prendre le rang des dernières dames. Semblablement les deux premières dames sont ar-
rivées à occuper la place des deux derniers
cavaliers. Deux lignes opposées se forment,
l'une, celle des cavaliers, par les cavaliers qui
viennent se placer en ligne près des premiers
cavaliers; l'autre, celle des dames, par les
dames qui viennent se ranger près des premières dames. Les deux lignes s'avancent
(4 mesures), reculent (4 autres), s'avancent
de nouveau pour que chaque cavalier prenne
la dame du vis-à-vis, pour finir par une pro
menade et un holubiec.

Même figure pour les autres couples

QUATORZIÈME FIGURE (A UN COUPLE)

Promenade et holubiec. Le cavalier prend
deux dames, et sa dame deux cavaliers ; et
chacun d'eux va former, en face l'un de
l'autre, un rond à trois. Ils font un tour rapidement. Mais soudain le cavalier lève son
bras droit et celui de la dame de droite, et
sous cet arceau il fait passer la dame de
gauche et exécute une promenade avec la
dame conservée. Dans l'autre rond, le cavalier de gauche est passé sous le bras droit de
la dame et du cavalier resté, qui font ensemble une promenade. La dame et le cavalier chassés des ronds se rejoignent et font à
leur tour une promenade. Promenade et
holubiec.

Même figure pour les autres couples.

QUINZIÈME FIGURE (A QUATRE COUPLES)

Après la promenade et l'holubiec, exécutés par le couple conducteur et les trois couples invités, les quatre couples se placent en face l'un de l'autre, en rectangle ou carré long, c'est-à-dire deux couples sur une ligne et deux couples sur l'autre. Chaque couple, dans cette position, exécute, avec le couple qui lui fait face, une demi-chaîne anglaise. Les cavaliers, qui, pour faire cette demi-chaîne, avaient quitté la main gauche de leurs dames, la reprennent, font un demi-tour sur eux-mêmes et passent leur bras droit sous le bras gauche de leurs dames pour les prendre par la taille et exécuter ainsi l'holubiec; mais cette fois l'holubiec se fait en arrière et non en avant, comme il s'était fait jusqu'ici. Après quoi les couples recommencent la demi-chaîne anglaise et l'holubicc, mais sur une autre face et en regardant un autre couple ; ainsi de suite jusqu'à ce que les quatre couples se retrouvent à leurs places primitives. Puis ils refont la chaîne anglaise, mais en diagonale et croisée ; c'est-à-dire qu'après chaque demi-chaîne et pendant l'holubiec des deux couples partis les premiers, les deux autres à leur tour commencent la *chaîne*. Lorsque les chaînes (1) entières sont terminées, les cavaliers reconduisent leurs dames par la promenade suivie de l'holubiec.

Même figure pour les autres couples.

SEIZIÈME FIGURE (A UN COUPLE)

Promenade et holubiec. Le cavalier fait passer sa dame à sa gauche, en la changeant de main. De sa main droite restée libre, il

(1) Les chaînes peuvent être remplacées par des chaînes des dames.

prend une autre dame et avec toutes les deux
il continue la promenade. Arrivé en face de
la place de la dame choisie, faisant tourner
les deux dames sur elles-mêmes, il leur fait
faire un tour-sur-place à gauche, en les
prenant par la taille (il doit avoir conservé
sa dame de la main gauche et tenir l'autre de
la main droite). Alors levant son bras et celui
de sa dame, il fait passer sous cet arceau la
dame choisie, qu'il remet ainsi à son cavalier.

Même figure pour les autres couples.

DIX-SEPTIÈME FIGURE (PAR TOUS LES COUPLES)

Une des figures finales du Cotillon-Mazurka.

Tous les couples du Cotillon forment un
rond général. Tour à gauche (4 mesures).
Tour-sur-place en avant de chaque cavalier
(4 mesures), qui, en le terminant, laisse sa
dame à gauche. On recommence le rond

(4 mesures). Nouveau tour-sur-place de
chaque cavalier, qui transporte ainsi à sa
gauche la dame qu'il a prise à sa droite, ce
qui se répète jusqu'à ce que chaque cavalier
ait retrouvé sa dame.

Promenade et holubiec pour tous les
couples.

DIX-HUITIÈME FIGURE (PAR TOUS LES COUPLES)

Autre figure finale.

Le cavalier conducteur avec sa dame part
en promenade, et fait du geste et de la voix
une invitation brève et successive à tous les
couples, de se suivre les uns les autres.
Quand tous les couples se trouvent, par ordre
d'invitation, placés en rond, on exécute
l'holubiec. Puis les cavaliers, tenant de leur
main droite la main gauche de leurs dames,

leur font faire un demi-tour sur elles-mêmes
de manière à les placer dos à dos et assez
rapprochées les unes des autres. Les cavaliers, qui se trouvent en dehors, et en face
des dames, prennent de la main droite la
main droite de leur dame respective, puis de
la main gauche la main gauche de la dame
partenaire voisine. Dans cette position, ils
forment un rond qu'ils agrandissent, les
cavaliers en reculant, les dames en avançant.
On recommence. Ensuite, le rond étant déve-
loppé une dernière fois, on fait la grande
chaîne plate, comme dans le quadrille des
Lanciers, mais en commençant par se
donner la main droite jusqu'à ce qu'on ait
retrouvé sa dame pour exécuter le rond
général (8 mesures) à gauche, puis (8 mesures) à droite. Après ce rond général, le
conducteur et sa dame, pour organiser les
ronds successifs, partent en promenade suivie

de l'holubiec ; ils vont donc prendre un second couple avec lequel ils forment un rond à quatre (4 mesures). Puis le cavalier conducteur quitte la main de la dame du deuxième couple, retourne sur lui-même et fait serpenter la file des trois autres personne du rond à quatre, pour aller prendre un troisième couple et former avec lui un rond à six. Il retourne encore sur lui-même, quitte de nouveau la dame de gauche, et, le rond à huit fait, il recommence ensuite pour réunir le cinquième, le sixième, et enfin tous les couples.

On peut intervertir l'ordre et faire d'abord les ronds progressifs, puis les dos-à-dos et enfin la chaîne plate.

La neuvième figure et le Cotillon-Mazurka avec elle finissent par l'holubiec exécuté par tous les couples.

REMARQUES GÉNÉRALES

Le nombre des couples peut varier.

Les 1re, 3e, 5e, 7e, 9e, 10e, 12e, 15e, 18e de ces figures forment un groupe qui s'est particulièrement dansé dans le monde. La théorie de ces neuf figures vient de paraître séparément avec une musique appropriée. D'ailleurs, les figures de ce Cotillon pourraient s'exécuter avec la Valse ou la Polka.

COTILLON-VALSE

1° La présentation.

Après avoir valsé, le premier cavalier et
sa dame se quittent pour choisir, l'un deux
dames du cercle, l'autre deux cavaliers. Ils
vont, l'un avec ses dames, l'autre avec ses
cavaliers, se placer vis-à-vis et assez loin l'un
de l'autre. Ils s'avancent, et, quand ils se
sont joints, chaque cavalier, avec la dame

qui lui fait face, exécute une Valse. Il peut y
avoir un, deux, trois, etc., couples conducteurs qui s'élancent pour faire cette figure à
côté les uns des autres, selon que le permet
l'espace laissé aux danseurs.

2° Le rond brisé.

Départ du premier couple. Dame laissée au
milieu du salon, pendant que son cavalier va
chercher deux autres cavaliers avec lesquels
il va former autour d'elle un rond à trois. On
tourne très vite à gauche. A un signal donné,
la dame choisit un cavalier et valse avec lui.
Si le Cotillon se fait dans l'intimité de la fa-
mille, les cavaliers dédaignés se donnent la
consolation de valser ensemble.

3° Le nœud du mouchoir.

Valse d'un premier couple. La dame fait un nœud à l'un des coins d'un mouchoir. Elle présente le mouchoir à quatre cavaliers. Celui qui tombera sur le nœud valsera avec elle.

4° Le chapeau et l'écharpe.

Départ du premier couple. La dame reste au milieu du salon, et son cavalier lui remet un chapeau. Autour d'elle, tous les cavaliers marchent très vite en rond et à gauche, mais en lui tournant le dos. La dame, pour marquer son choix, place le chapeau sur la tête d'un cavalier.

Les cavaliers refusés retournent à leur

place, et le cavalier choisi valse avec la dame.

Mais, pour faire le pendant et occuper les dames restées inactives dans la figure précédente, un cavalier se met au milieu du salon ; on lui a remis une écharpe, et il la donne à la dame qu'il a choisie parmi celles qui lui tournent le dos et font un rond autour de lui.

5° Le changement de dame.

Deux cavaliers valsent avec leurs dames ; après plusieurs tours, ils en changent, puis reviennent aux premières. Il faut faire le changement sans que le pas ou la mesure en souffre.

6° Les fleurs.

Pendant que sa dame va chercher deux cavaliers, le conducteur choisit deux dames et les invite, à voix basse, à prendre pour nom le nom d'une fleur de leur choix. Il va avec elles trouver un autre cavalier, les présente et nomme les deux fleurs. Ce second cavalier valse avec la dame qui a le nom de la fleur nommée par lui, et le cavalier conducteur valse avec l'autre dame. La figure est répétée en même temps par la dame du cavalier conducteur; seulement, au lieu de fleurs, les cavaliers choisissent des noms d'animaux.

Il peut y avoir plusieurs couples conducteurs qui exécutent la même figure en même temps.

7° La chaise.

Le conducteur fait asseoir sa dame sur
une chaise qui occupe le milieu du salon ; il
lui amène deux cavaliers pour qu'elle ait à
choisir l'un d'eux pour valser avec lui. Le
cavalier refusé s'assied, et c'est à son tour
de choisir l'une des deux dames que le conducteur lui présente. La dame refusée est
conservée par le conducteur, qui la reconduit en valsant à sa place. Il peut y avoir
plusieurs conducteurs.

8° Les chaises.

Deux chaises sont placées dos à dos au milieu du salon. Le premier couple commence
par la Valse ou la Polka. Puis le cavalier et

sa dame font assooir sur les chaises, l'un une dame, l'autre un cavalier. Le cavalier va ensuite chercher deux dames, et, les prenant chacune par la main, il va se placer devant la dame assise. De même sa dame, avec deux cavaliers qu'elle a été prendre et qu'elle tient par la main, se place devant le cavalier assis. Puis à un signal le cavalier conducteur prend la dame assise, sa dame le cavalier assis ; les cavaliers que tenait la dame du premier couple vont prendre les dames du vis-à-vis que tenait le cavalier de ce premier couple. Ensuite valse. Après un tour de salon, on retourne à sa place. Il peut y avoir deux conducteurs et quatre chaises adossées.

9° Les dames assises.

On place encore deux chaises au milieu du

salon. Deux couples partent en valse; après avoir fait asseoir leurs deux dames, les cavaliers en vont choisir deux autres, avec qui ils font le tour du salon. Après quoi, laissant ces dames, ils vont reprendre les premières pour les reconduire à leur siège par une Valse. C'est aux secondes dames à s'asseoir à leur tour. Pendant ce temps, leurs cavaliers, laissés dans le cercle, s'avancent et exécutent la même figure, et ainsi de suite. On aurait pu prendre trois ou quatre chaises et commencer par trois cu quatre couples.

10° Les dos-à-dos.

Après la Valse, le cavalier conducteur laisse sa dame au milieu du salon. Puis il va chercher un autre cavalier qu'il adosse à sa dame; puis il amène une dame vis-à-vis

de laquelle il adosse un cavalier, mais il a le
soin de finir par une dame. A son signal,
chacun se retourne, et les cavaliers partent
en valsant avec les dames, pour les reconduire à leur place. On eût pu former une
double haie avec deux couples conducteurs.

11° Le triangle.

Trois couples s'avancent ensemble en dansant. Puis chaque cavalier va choisir un autre
cavalier, et chaque dame une autre dame. Le
triangle se forme avec les six dames, qui se
placent sur trois rangs. Le premier rang, qui
est la tête du triangle, est formé d'une dame,
le second, qui est le milieu du triangle, se
compose de deux dames ; le troisième, qui
en est la base, comporte trois dames.

Le cavalier conducteur entraîne alors les cinq autres cavaliers, serpente derrière, puis entre dans le dernier rang, va le long du deuxième et arrive lui-même à la tête du triangle.

Là, il frappe des mains ; et chaque cavalier emmène, en dansant, à sa place la dame du vis-à-vis : s'il y eût eu cinq couples, les deux nouvelles dames en eussent été chercher deux autres, et toutes quatre eussent formé un quatrième rang au triangle.

Nota. — Au lieu de faire un triangle comme le précédent, on peut le remplacer par une dame dans un angle du salon et par trois autres dames derrière elle. On nomme quelquefois cette figure le *serpent*.

12° Dame et roi.

Le premier cavalier offre à quatre dames les quatre dames d'un jeu de cartes. Les quatre rois de ce jeu sont présentés par la dame du premier couple à quatre cavaliers. Puis les cavaliers se lèvent et vont chercher les dames correspondantes... Le roi de pique valse avec la dame de pique, etc...

13° Le coussin.

Le cavalier fait le tour du cercle avec sa dame en tenant de la main gauche un coussin : puis il le lui laisse pour qu'elle le présente à plusieurs cavaliers. La dame les invite à poser le genou dessus ; au moment où le cavalier s'apprête à obéir, elle retire vive-

ment le coussin si elle veut le tromper ; mais
si c'est le cavalier de son choix, elle le laisse
tomber devant lui, et valse avec lui.

14° Le solitaire.

Deux ou trois dames s'avancent ensemble
mais ces couples se doublent, car chaque cavalier choisit un cavalier, et chaque dame une
dame. Seulement le cavalier conducteur a le
privilège de prendre deux cavaliers. Les cavaliers et les dames vont former deux lignes
parallèles, toutefois en se tournant le dos.
Le cavalier conducteur, qui, en sa qualité de
général, se tient hors des rangs, fait un signal et choisit une dame. Dames et cavaliers
se retournent pour danser ensemble, mais un
cavalier reste solitaire, car le conducteur a
pris sa dame. Il faut qu'il se résigne à son

sort, à moins qu'une dame, le prenant en pi-
tié, ne valse avec lui.

15 · La croix doublée.

Quatre couples partent ensemble et vont
se disposer en moulinet ; les cavaliers se
tiennent tous de la main gauche et donnent
leurs droites aux dames. Chaque dame fait
signe à un cavalier de venir lui donner la
main gauche. Les nouveaux cavaliers font
signe aussi à de nouvelles dames, qui, se plaçant en rayon, doublent la croix.

Alors, tous font un tour et, se séparant ensuite, regagnent, couple par couple, leur
place en valsant.

16° Le grand rond.

Quatre couples s'avancent ensemble. Puis chaque cavalier va faire choix d'un autre cavalier, chaque dame d'une autre dame. Tous forment un rond, dont une moitié est formée par les cavaliers qui se tiennent par la main, et l'autre par les dames, de façon toutefois que le conducteur ait sa dame à sa droite. On tourne à gauche. Puis le conducteur s'avance avec sa dame, coupe le rond en séparant les cavaliers des dames; alors ils se séparent, le conducteur pour tourner à gauche avec tous les cavaliers, sa dame pour tourner à droite avec toutes les dames. Les cavaliers et les dames, après avoir décrit deux demi-cercles, mais en se tournant le dos, se retournent pour danser ensemble, le conducteur avec sa dame, le deuxième cavalier avec la deuxième dame, etc., jusqu'à ce que tous les couples se soient reformés. Du reste, il peut prendre part à cette figure autant de couples que le local le permet.

17° Les quatre coins.

Soient quatre chaises disposées pour figurer les quatre coins.

La première chaise doit être occupée par la dame du premier couple, que son cavalier, le conducteur, fait asseoir après un tour de Valse. Les trois autres chaises reçoivent les trois dames suivantes que le même conducteur y fait asseoir. Toujours, comme dans le jeu des Quatre Coins, un cavalier tient le milieu des quatre chaises, et les dames cherchent à échanger leurs sièges, non en courant, mais en se donnant les mains. Si, pendant le trajet, le cavalier s'empare de la chaise vacante, il valse avec celle qu'il a dépossédée. A un autre cavalier de prendre sa place au milieu, et à une autre dame de siéger sur la chaise et de voir si elle sera plus heureuse. A la fin, tous les cavaliers ont passé par la sellette du milieu, sauf les cavaliers des trois dames restées assises. Alors ces trois cavaliers vont délivrer leurs dames et les reconduisent à leur place en valsant.

18· Le cavalier trompé.

Le cavalier conducteur va chercher quatre dames, qu'il place aux quatre coins du salon. Puis, avec cinq cavaliers, il va former un rond au milieu duquel sa dame vient se placer ; on tourne à gauche. A un signal donné, la dame

du milieu choisit un cavalier; les autres se
précipitent sur les dames des quatre coins;
Mais ils sont cinq; il n'y a que quatre dames:
il y a donc un cavalier victime.

19° Les zigzags

Départ simultané de six à huit couples, et,
couple par couple, ils se disposent en rang,
en conservant une certaine distance et chaque
cavalier ayant sa dame à sa droite. Puis le
premier couple valse en serpentant autour de
chaque couple, puis le second l'imite, et ainsi
de suite jusqu'à ce que le premier couple ait
repris, à la tête des autres, son rang de conducteur. Valse générale pour terminer.

20° Le drap mystérieux.

Un couple s'avance ; tous les cavaliers du cotillon vont se placer derrière un drap tendu par deux personnes, de façon à être cachés ; mais ils laissent voir l'extrémité de leurs doigts. Le cavalier dont la dame touche le bout du doigt est le cavalier choisi.

21° Les mains mystérieuses.

Le contraire du précédent. Départ du premier couple. Ce sont cette fois les dames qui, dans une pièce voisine, sont enfermées par le cavalier, qui emprisonne même la sienne. Par la porte entre-bâillée, les dames glissent une de leurs mains. Autant de prisonnières la première dame non comptée), autant de cavaliers amenés par le cavalier conducteur. Chaque cavalier choisit une main et délivre la dame pour valser avec elle. Le conducteur peut choisir une des mains mystérieuses.

22° Les quatre chaises.

On dispose quatre chaises au milieu du salon, en carré. Quatre couples s'avancent en valsant et vont se placer chacun derrière une chaise. Puis, à un signal donné, chacun valse autour de sa chaise, puis passe à la suivante en allant toujours sur sa droite; tourne autour de cette nouvelle chaise, passe à la suivante, et ainsi de suite jusqu'à ce que dames et cavaliers regagnent leur place par une Valse finale.

23° La contredanse.

C'est la figure des *chaises* ; seulement les couples non dansants font office de chaises. Soient quatre couples disposés comme pour le Quadrille. Le premier couple part, valse autour du couple de droite, puis autour du suivant, jusqu'à ce qu'il revienne à sa place. C'est au second couple d'aller ensuite tourner autour des autres, en allant toujours sur la droite ; puis vient le tour du troisième et du quatrième couple. Quand tous les quatre couples ont fini, chacun de regagner sa place par une Valse finale.

24° Le huit.

A quelque distance l'une de l'autre, on

place deux chaises ; un couple s'avance. Il doit, en passant derrière la première chaise et en allant passer derrière la seconde, puis en revenant derrière la première, décrire un 8. Cette figure si simple à expliquer demande un valseur et une valseuse consommés pour l'exécution parfaite et géométrique du 8. Comme pour la *contredanse*, deux nouveaux couples peuvent remplacer les chaises et valser à leur tour derrière et entre les deux premiers couples.

25° Les couples refusés.

Le cavalier du premier couple qui vient de s'avancer met un genou en terre au milieu du salon. Sa dame va lui choisir plusieurs couples qu'elle lui présente, mais qu'il refuse l'un après l'autre. Les couples refusés ont été se ranger en haie derrière le premier cavalier, qui ne peut faire autrement que d'accepter enfin une dame dont le cavalier aussitôt s'est placé devant la haie. Le premier cavalier, en valsant, ramène cette dame à son cavalier, qui la reconduit à sa place en valsant également. La dame du premier cavalier, tout à l'heure agenouillé, était allée se réfugier derrière la haie. Le premier cavalier va valser successivement avec toutes les dames, et, quand il a épuisé toutes les dames de la haie qui ont disparu avec leur cavalier, il retrouve la sienne qu'il reconduit à son tour.

26° Les dames refusées.

Dans les salons où l'espace réservé aux danseurs n'est pas assez grand, au lieu que la dame amène un couple, elle ne fait que

présenter une dame, et les dames se rangent
en ligne derrière le cavalier agenouillé jusqu'à
ce qu'il en accepte une pour valser avec elle.
Les cavaliers restés à leur place accourent
alors reprendre leurs dames et les reconduisent en valsant à leur place.

27° Les cavaliers refusés ou le coussin mobile

Le cavalier du premier couple qui s'avance
fait asseoir sa dame et a le soin de mettre
sous ses pieds un petit coussin. Puis il va
choisir dans le cercle du Cotillon des cavaliers
qu'il amène à sa dame, en les invitant à mettre
le genou sur le petit coussin. La dame indique
son refus en retirant vivement le coussin. Les
cavaliers refusés vont se ranger en ligne derrière la chaise de la dame. Enfin, pour énon-
cer son choix, la dame laisse son coussin

9

immobile devant le cavalier qu'elle a choisi mentalement, et ils valsent ensemble. Les dames restées à leur place viennent alors relever de leur station inutile les cavaliers refusés et font avec eux un tour de Valse.

28° Les bouquets.

Des bouquets ont été déposés sur un meuble du salon. Le cavalier et la dame du couple parti le premier prennent chacun un bouquet pour l'offrir, l'un à une dame, et l'autre à un cavalier. Les deux nouveaux couples ainsi formés du premier regagnent leur place après un tour de Valse.

29° Les gages.

Le cavalier du couple qui s'est avancé le

premier remet à sa dame un chapeau. Celle-ci,
en le présentant à plusieurs dames, les engage
à confier à sa cavité des objets de forme et de
valeur quelconques. Puis elle présente le chapeau à plusieurs cavaliers, qui en retirent un
des gages. Ils vont chercher la dame à qui le
fétu appartenait et font avec elle un tour de
Valse. Il pourrait y avoir plusieurs couples
conducteurs dont chaque dame aurait répété
la figure des gages.

30° Les écharpes volantes.

On fait une croix avec deux écharpes nouées
ensemble par le milieu. Quatre couples se
disposent comme au jeu de bague ; les quatre
pans de l'écharpe sont pris de la main gauche
par les cavaliers, qui ont le soin de les élever
au-dessus de leur tête. Les couples valsent en

conservant cette position et en faisant voler les écharpes. A un signal donné, chacun regagne sa place.

31° L'éventail.

On dispose trois chaises sur une même ligne, celle du milieu tournée d'un sens, et celles des extrémités de la ligne dirigées en sens contraire. Le cavalier du couple qui est parti le premier fait asseoir sa dame sur la chaise du milieu et lui remet un éventail. Sur les deux autres chaises, il fait asseoir deux cavaliers. La dame alors offre l'éventail à l'un des cavaliers assis, mais valse avec l'autre. Le cavalier qui a reçu l'éventail doit, à cloche-pied, éventer le couple qui valse. Un verre de vin de Champagne remplace quelquefois l'éventail.

32° Le colin-maillard.

Soient trois chaises placées au milieu du salon. Départ du premier couple dont le cavalier va chercher un autre cavalier, lui bande les yeux pour le faire asseoir sur la chaise du milieu, et dont la dame amène un autre cavalier en marchant sur la pointe des pieds. Elle le fait asseoir dans une des chaises des extrémités, tandis qu'elle prend l'autre pour elle-même. Interpellé par le conducteur pour opter entre la droite ou la gauche, il valse avec la dame si le sort le fait tomber sur elle. Au cas contraire, il [valse avec le cavalier; mais le conducteur prend la dame pour valser avec elle.

33° Les cercles jumeaux.

Départ simultané de quatre couples qui se
doublent par le choix que chaque cavalier fait
d'une dame et chaque dame d'un cavalier.
Rond des cavaliers à un bout du salon, rond
des dames à l'autre. Seulement le conducteur
s'est placé au milieu du rond des dames, et sa
dame au milieu de celui des cavaliers. Chaque
rond tourne à gauche. A un signal donné,
pendant que le conducteur choisit une dame
pour valser avec elle, sa dame fait choix aussi
d'un cavalier pour danser. Les ronds ainsi
brisés se développent, et il y a une ligne de
cavaliers et une ligne de dames qui s'avancent
l'une vers l'autre pour que chacun valse avec
son vis-à-vis. Cette figure admet un nombre
de couples indéterminé.

31° Les bras enlacés.

Départ simultané de deux ou trois couples.
Tour de Valse. Après que chaque dame a
choisi un cavalier et chaque cavalier une
dame, on forme un rond général. On avance,
on recule (4 mesures). On avance encore, et,
une fois près les uns des autres, les cavaliers
unissent les mains en dessus et les dames en
dessous. Les bras ainsi *enlacés*, on tourne à
gauche. Alors le conducteur quitte la main du
cavalier de gauche et donne cette main devenue libre à sa dame. Le rond se développe
sur une ligne. A un signal, les cavaliers lèvent
leurs bras enlacés et laissent partir leurs
dames en valsant. Poursuite des cavaliers
après les dames. A un nouveau signal, les
dames se retournent et retrouvent leurs cava-

liers respectifs, qui ont dû les suivre par derrière. Valse finale pour regagner sa place.

35° La corbeille.

Le cavalier du couple qui part le premier
fait choix de deux dames, au milieu des-
quelles il se place. Et semblablement sa dame
donne ses mains à deux cavaliers qu'elle a
choisis. On s'avance (4 mesures); on recule
(4 autres); on avance de nouveau. Alors le
cavalier lève ses bras et ceux des dames qu'il
tient par la main. Les cavaliers que tient la
dame passent dessous, mais en conservant au
milieu d'eux la dame du premier cavalier, qui
se trouve arrêtée en face de lui, tandis qu'eux
vont joindre les mains en passant derrière lui.
Les dames choisies par le premier cavalier
joignent semblablement leurs mains derrière

la dame de ce premier cavalier. La corbeille
est formée. Tour à gauche. Puis, à un signal
donné, le premier cavalier repasse en se bais-
sant sous les bras des deux cavaliers choisis
par sa dame, et la dame numéro 1 sous les
bras des dames choisies par son cavalier, et,
comme on ne s'est pas quitté les mains, la
corbeille se trouve transformée en rond à bras
entrelacés. A un nouveau signal, on délie les
bras pour unir les mains comme dans le rond
ordinaire. On s'avance les uns vers les autres,
de façon que chaque cavalier reprenne sa
dame pour une Valse finale.

FIGURES FINALES DU COTILLON-VALSE.

36· Les deux lignes.

Le premier cavalier prend la main de sa
dame pour faire, en marchant avec elle, le

tour du salon. Ceci est une invitation à tous les couples de le suivre. Les cavaliers se mettent sur une ligne, en ayant pour vis-à-vis leurs dames, qui également ont formé une ligne parallèle. Puis, par un tour de main droite, tous les cavaliers font prendre leur place à leurs dames, tandis qu'ils prennent la leur. Cela fait, le premier couple part en valsant, remonte en passant derrière la ligne des dames, puis redescend, mais en passant entre les deux lignes. Il remonte encore, toujours en valsant, par le derrière de la ligne des dames. Alors ce couple s'arrête; et le cavalier prend place du côté des dames, et sa dame du côté des cavaliers. Les autres couples les imitent, et, dames et cavaliers ayant encore une fois, par ce moyen, changé de place, chacun se retrouve comme au commencement de la figure. Valse pour finir.

37° L'allée tournante.

Le cavalier conducteur, ayant pris sa dame par la main, comme précédemment, s'est fait suivre de tous les couples. Rond général. Les cavaliers forment un rond en dehors, tandis que leurs dames forment un rond en dedans, mais en laissant une assez grande distance entre eux pour qu'il y ait une sorte d'allée circulaire tournante. Le cavalier conducteur et sa dame se détachent sans que le rond se rompe et s'engagent en valsant dans l'allée tournante. Arrivés en face de leur première place, ils se séparent, mais le cavalier pour entrer dans le rond des dames, sa dame dans celui des cavaliers. Chaque couple répète cette figure à son tour, et, le rond des cavaliers étant devenu celui des dames, et

vice versâ, on termine par une Valse générale.

38° Le rond final.

Tous les danseurs et danseuses du Cotillon
forment un rond général. Le conducteur et
sa dame s'en détachent (et le rond doit se
renouer aussitôt) pour valser au milieu. A un
signal donné, le couple du milieu s'arrête, et
la dame sort du cercle. Le conducteur choisit
alors une autre dame, valse avec elle, puis
sort à son tour du cercle, pendant que la seconde dame choisit un nouveau cavalier. Ce
couple sortira du rond comme le premier,
et la figure continuera jusqu'à ce qu'il ne
reste plus que deux ou trois couples, cas où
le rond est à peine possible. Valse par les
couples restants pour finir.

REMARQUE GÉNÉRALE POUR LE COTILLON-VALSE.

Nous avons seulement indiqué la Valse
pour commencer, accompagner, terminer
chaque figure. La Valse peut être remplacée
par la Polka, et même le Cotillon-Mazurka
pourrait s'augmenter de toutes ces figures.
Le cavalier conducteur avertit l'orchestre, et
l'orchestre, par l'air qu'il attaque, avertit les
danseurs de la danse qui doit ouvrir et former la figure.

QUELQUES ANCIENNES DANSES [1]

LA BOURRÉE

C'est une ancienne danse originaire de l'Auvergne et du Berry, où elle a été toujours en usage. Elle eut son entrée à la cour de Catherine de Médicis, qui l'aimait beaucoup, sans doute grâce à la faveur que lui témoignait la fille de cette reine, Marguerite de Valois, réputée la première danseuse de

[1] Extrait de *Les Danses d'autrefois*, par Désiré Vestris. Coll. Taride.

son temps. Depuis 1565 jusqu'au règne de Louis XIII elle ne cessa d'être à la mode à la cour. Plus tard on a tenté, Mouret entre autres, de transporter l'air et la danse dans les ballets : mais cette danse, dit Cahusac, n'a pas paru assez noble pour le théâtre de l'Opéra.

Ce n'est pas qu'il n'y eût quelque différence, on le pense bien, avec la danse populaire. A la cour les deux danseurs se plaçaient vis-à-vis l'un de l'autre et dessinaient des pas élégants qu'il ne faut pas comparer avec ceux des danseurs de Bourrée du centre et du midi de la France. Parfois, comme dans la plupart des danses, des chanteurs accompagnaient les instruments ou même les remplaçaient complètement. Les danses populaires peuvent encore se chanter, les airs étant, en général, bien rythmés. C'est ainsi qu'on voit, dit M. Cellor, « en Auvergne, la » Bourrée dansée par des paysans, tandis

» qu'un seul chante, sans être soutenu par
» des instruments, les airs du pays connus
» des danseurs : airs courts, bien coupés,
» bien rythmés, pris et repris sans repos ni
» trêve. »

La Bourrée est à deux temps gais et consiste en trois pas joints ensemble avec deux mouvements. On la commence par une noire en levant, avant le frappé. Elle est composée de deux parties dont chacune a quatre mesures ou un nombre de mesures multiple de quatre. Dans ce caractère d'air, on lie assez fréquemment la seconde moitié du premier temps et la première du second par un balancé syncopé.

Il y avait au (dix-huitième siècle, des pas nommés « Pas de Bourrée », et la *Grande Encyclopédie* a noté ceux-ci :

Pas de Bourrée. Il est composé de deux

mouvements : savoir un demi-coupé (1) avec
un pas marché sur la pointe du pied, puis un
demi-jeté, je dis un demi-jeté parce qu'il n'est
sauté qu'à demi, et comme ce pas est coulant,
son dernier pas ne doit point être marqué si
fort, on en a adouci l'usage parce qu'il demande beaucoup de force dans le coup de
pied, on y a donc ajouté le « fleuret ».

Pas avec fleurets. Ils se font en revenant du
côté gauche, le pied droit à la première position ; on plie sur le pied gauche en ouvrant
les genoux et étant plié on croise le pied devant soi jusqu'à la cinquième position et l'on
s'élève dessus. On porte ensuite le pied
gauche à côté à la deuxième position, et le

(1) Demi-coupé : le pied devant à la quatrième position ; si c'est du pied droit qu'on part, il faut le por-
ter contre le gauche, première position, plier les deux
genoux également, le pied en l'air et les genoux tour-
nés en dehors.

droit se croise à la cinquième position, ce qui fait l'étendue du pas.

Il y a ensuite le pas de bourrée *ouvert*, celui *emboîté*; le lecteur ne nous en voudra pas, sans doute, d'en rester là.

LA GAVOTTE

Cette danse ne date pas précisément du dix-septième ou du dix-huitième siècle, comme on pourrait le croire d'après les auteurs de cette époque qui en ont parlé. Elle était seulement modifiée alors, ayant subi, elle aussi, l'influence du temps et de la mode.

A l'origine, au seizième siècle, la Gavotte était une espèce de branle « esquel, dit Thoi-» not Arbeau, il ne fault point enlever en » l'air la demoiselle, comme dans d'autres » branles ; seullement il fault la baiser, en » faisant soubz mesure binaire plusieurs pe-» tits saults. »

Les danseurs se tenaient en ligne ou en rond ; après quelques pas faits ensemble, un danseur et une danseuse se séparaient des autres, dansaient souls, s'embrassaient, puis la dame allait embrasser tous les danseurs et le cavalier toutes les danseuses. Chaque couple à son tour quittait la place et agissait comme le premier. « Dès l'instant qu'il y avait bai-sers donnés et reçus, assure M. Coller, cette danse avait chance de trouver des ama-teurs. »

Elle perdit son caractère de danse gaie et

devint quelque peu guindée et compassée.
Aussi lui trouvait-on, au dix-huitième siècle,
des points de ressemblance avec le Menuet :
on la traînait comme lui, comme lui on la
glissait, et elle était digne, prétentieuse et
mesurée. Dans son aimable *Histoire de la
Danse*, M. Fertiault dépeint ainsi la Gavotte :
« Fille savante et agréable du Menuet, par-
» fois gaie, mais souvent tendre et lente dans
» laquelle on s'embrassait et on se donnait le
» bouquet. » Cela doit s'entendre de la gavotte transformée.

Cette danse était composée de trois pas et
d'un assemblé.

Le Pas de gavotte, observe Littré, diffère
du pas naturel en ce qu'on sautille sur le
pied qui est à terre et qu'en même temps
l'autre pied tend sa pointe vers le sol : ce

qui est signe que l'on danse et que l'on ne marche pas seulement.

L'air de la Gavotte était à deux temps, d'un mouvement modéré et gracieux, souvent gai, et quelquefois aussi tendre et lent, il était coupé en deux reprises, dont chacune commençait avec le deuxième temps et finissait sur le premier, marquant ses phrases et ses repos de deux mesures. Il y a eu des gavottes célèbres au théâtre, de Gluck, de Grétry, etc.; celle de *Panurge* de Grétry a joui surtout d'une vogue prodigieuse et on la dansait dans tous les bals; elle devait ce succès à un rythme fortement marqué, qualité précieuse pour les danseurs ordinaires. Cette gavotte n'avait pas de deuxième partie, et pour y suppléer l'auteur avait fait redire la première à la quarte, ce qui est un moyen commode assurément, mais en même temps trivial, par suite des répétitions incessantes et fastidieuses.

La Gavotte n'était plus guère exécutée qu'au théâtre et par des danseurs de profession, quand la reine Marie-Antoinette la remit à la mode. On sait que cette gracieuse Majesté dansait parfaitement le Menuet; or, elle avait pris en faveur celui que Grétry, dans son opéra, *Céphise et Procris*, avait composé et accompagné d'une gavotte; l'air de Grétry manquait cependant d'agrément et d'allure, et en rendait, assure-t-on, les pas difficiles. Ce n'en est pas moins à partir de ce moment que la Gavotte reprit sa vogue et reparut dans les bals de société, avec quelques autres danses réservées aux amateurs distingués.

Lorsque, après la Terreur, pendant laquelle la Carmagnole avait primé toute espèce de danse, on retrouva en France le goût pour les plaisirs et les divertissements, la vieille Gavotte essaya de renaître, mais la musique et les figures en déplurent également. Le célèbre Gardel, chorégraphe fameux à cette époque, en composa une nouvelle sur l'air de la gavotte placée par Grétry dans *Panurge*. Elle fit fureur, mais elle ne fut jamais, dit-on, si bien dansée que par un jeune négociant bordelais, Trénis, qui a laissé son nom à l'une des figures de la contredanse, et par Mme Hamelin, dont on admirait la grâce créole. Cependant, quels que fussent les charmes que la Gavotte offrait aux spectateurs, elle avait un inconvénient, celui de répandre toujours dans les bals une froideur très fâcheuse, parce qu'elle concentrait l'attention sur deux ou trois personnes et qu'elle excitait l'envie des danseurs moins privilégiés; les prétentions de la plupart, leurs manières communes firent le plus grand tort à la Gavotte qui fut abandonnée et reléguée en province, d'où même elle disparut assez rapidement. La Gavotte n'est plus qu'un souvenir, et, comme on l'a dit fort justement, en quelque sorte inséparable des Merveilleuses et du Directoire.

LE MENUET

Ainsi nommé, dit-on, à cause des petits pas de cette danse; en ce cas, étant originaire du Poitou, il faisait tout à fait contraste avec le branle bruyant, accompagné de mouvements de sabots, très en usage parmi les Poitevins.

Le Menuet était une danse grave, figurée, qui devint célèbre à partir du commencement du dix-septième siècle et occupa le premier rang pendant tout le dix-huitième siècle.

« Le caractère de cette danse, dit la *Grande Encyclopédie*, est une élégante et noble simplicité; le mouvement en est plus modéré que vif, et l'on peut dire que le Menuet est le moins gai de tous les genres de danse. » Toutefois il était partout à la mode, à la cour et à la ville. Compan, qui le décrit dans son Dictionnaire avec une complaisance qui montre son attraction, nous fait connaître les usages du temps assez curieux : « Dans les *bals réglés*, il y a un roi et une reine qui commencent à danser, et, lorsque leur premier menuet est fini, la reine convie un autre cavalier de venir danser avec elle, et après qu'ils ont dansé il va reconduire la Reine et lui demande poliment qui elle souhaite qu'il prenne, et après lui avoir fait une révérence, il va en faire une

autre à la personne désignée et la convier de
de venir danser. »

« ... Quant aux assemblées qui se font dans
les familles et qui ne sont composées que de
parents et d'amis, on doit y observer le même
cérémonial que dans les *bals réglés*, qui est
de savoir inviter une personne pour danser
en lui faisant une révérence à propos, et être
attentif à lui rendre la réciproque lorsqu'on
vous a pris pour danser. »

« C'est Pécourt, fameux acteur de l'Opéra,
qui a donné au Menuet toute la grâce qu'il a
aujourd'hui, en changeant la forme S, qui
était sa principale figure, en celle d'un Z, où
les pas comptés pour la figure contiennent
toujours les danseurs dans la même régula-
rité. Le vrai Pas de Menuet est composé de
quatre pas, qui cependant par leurs liaisons
(selon les termes de l'art) ne sont qu'un seul
pas. »

Ce Pas de menuet a trois mouvements et
un pas marché sur la pointe du pied, savoir :
le premier est un demi-coupé du pied droit
et un de gauche, le deuxième un pas marché
du pied droit sur la pointe et les jambes éten-
dues, le troisième à la fin de ce pas, vous lais-
sez doucement poser le talon droit à terre
pour laisser plier le genou, qui, par ce mouvement, fait lever la jambe gauche, laquelle
passe en avant en faisant un demi-coupé
échappé, ce qui est le troisième mouvement
de ce pas de menuet et son quatrième pas.

Il y avait aussi une seconde manière plus
facile d'exécuter le *Menuet*, que voici :

« Ayant le pied gauche devant, vous portez
le corps dessus en approchant le pied droit
auprès du gauche, à la première position, que
vous pliez sans poser le droit à terre, lorsque
vous êtes assez plié vous passez le pied droit
devant vous à la quatrième position et vous

vous élevez du même temps sur la pointe du pied, en étendant les deux jambes près l'une de l'autre et de suite vous posez le talon droit à terre, pour avoir le corps plus ferme et plier du même temps sur le droit, sans poser le gauche, et de là, de passer devant, de même que vous avez fait du pied droit jusqu'à la quatrième position et du même temps se lever dessus et marcher les deux autres pas sur la pointe des pieds, l'un du droit l'autre du gauche; mais, au dernier, il faut poser le talon afin de prendre votre pas de menuet avec plus de fermeté. »

Compan dit encore : Le nombre des mesures de l'air, dans chacune de ses reprises, doit être de quatre ou un multiple de quatre, parce qu'il en faut autant pour achever le Pas du Menuet, et le soin du musicien doit être de faire sentir cette division par des chutes bien marquées pour aider l'oreille du danseur et le maintenir en cadence

Il y avait différents autres Pas de menuet : le Menuet en arrière, le Menuet de côté, qu'on appelait aussi Menuet ouvert, mais ceux-ci n'étaient que des variantes du Menuet véritable.

En 1653, Louis XIV dansait un menuet dont Lulli avait composé la musique pour lui.

Le Menuet fut introduit dans les opéras-ballets. C'est en 1710, à propos des *Fêtes vénitiennes*, que le danseur à la mode, Marcel, lança son emphatique et burlesque : Que de choses dans un menuet !

Un auteur de ce temps dit que le Menuet était simple, posé, noble et gracieux. La vue d'une belle femme dansant le Menuet suffisait, assure-t-on, à faire tourner les têtes.

Enfin le Menuet était la danse favorite et habituelle, celle que l'on dansait avec le plus de plaisir dans la bonne compagnie.

Les airs de menuet composés par Exaudet et Fischer sont restés célèbres. Mozart, dans *Don Juan*, Grétry, Gardel, dans le ballet de la *Dansomanie*, Beethoven, Boccherini, etc., en ont fait d'exquis et toujours appréciés.

Les anciens compositeurs intercalèrent aussi des *menuets* dans les sonates, les duos et autres espèces de morceaux, comme ils avaient fait pour la Gigue, l'Allemande, la Gavotte ; mais le Menuet seul eut une longue durée, et aujourd'hui encore il a cours dans la symphonie.

LA PAVANE

La Pavane (ou Pavenne, comme on l'impri-
mait au seizième siècle), paraît être sinon la
plus ancienne, du moins l'une des plus anciennes des danses qu'on a caractérisées par
le nom de Danses par terre, ou terre à terre,
puis plus justement de *Danses nobles*, par
opposition aux danses baladines. Elle y avait
bien droit, car dès l'origine elle contribuait

au cortège des rois, des princes, des seigneurs graves et importants dans les occa-
sions solennelles.

A-t-elle précédé la Basse Danse ? Est-elle
venue d'Italie comme le veulent ceux qui tirent
son nom de *Padovana* (de Padoue) ? En tout
cas elle était, dans le principe, facile à danser,
car, dit Tabourot en son *Orchésographie :* « Il
» n'y a que deux simples et un double en mar-
» chant et s'avançant, et deux simples et un
» double en reculant et desmarchant. On com-
» mence du pied gauche à l'advancée et du
» pied droit à la desmarche, et se joue par
» mesure binaire, et si on veult on ne recule
» point et marche l'on tousjours en avant. »

D'après Tabourot, « elle se dançoit aupa-
» ravant la Basse Danse et elle n'a pas été
» abolie ni mise hors d'usage du tout... Nos

» joueurs d'instruments la sonnent quand on
» moyne espouser en face de la Sainte Eglise
» une fille de bonne maison... et lesdites pa-
» vanes jouées par hautbois et sacquebutes
» qui les appellent le Grand Bal (1) et les font
» durer jusques à ce que ceux qui dancentaient
» circuit deux ou trois tours dans la salle, si
» mieulx ils n'aiment la dancer par marches
» et desmarches.

» Le gentilhomme la peut dancer ayant la
» cappe et l'espée et vous aultres, vestus de
» vos longues robes, marchant honnestement,
» avec une gravité posée, et les damoiselles
» avec une contenance humble, les yeux bais
» sés, regardant quelques fois les assistants
» avec une pudeur virginale... »

(1) On l'appelait le Grand Bal parce que c'était une
danse majestueuse et digne, et qu'elle avait lieu avec
le concours d'un certain nombre d'assistants, chanteurs, musiciens, etc.

La Pavane était donc principalement une
danse de cour, une danse d'apparat : citons
encore notre auteur : « Elle sert aux Rois.
» Princes, Seigneurs graves pour se montrer
» en quelque jour de festin solennel avec leurs
» grands manteaux et robes de parade ; et lors
» les Roynes, Princesses et Dames les accom-
» paignent, les grand'queues et leurs robbes
» abaissées et traînant, quelquefois portées
» par Damoiselles. On se sert aussi des dictes
» pavanes quand on veult faire entrer en une
» mascarade chariots triomphants de Dieux,
» Déesses, Empereurs, etc...

» On peult jouer les pavanes avec épinettes,
» fluttes traverses, haultbois et aultres, voire
» chanter avec les voix, mais le tabourin aide
» merveilleusement par ses battements uni-
» formes à faire les mouvements. » Ici, il nous
indique que la Pavane subissait dès lors des

modifications : « Certains danceurs découpent
» le double qui est entre les deux simples, en
» le remplaçant par des pas et sauts, lesquels
» retumbent en mesme cadence et sont de
» mesme duration de temps, et de tels ¿-
» coupements et mouvements de pieds légiè-
» rement faicts modèrent la gravité de la
» pavane. En résumé, elle se danse en me-
» sure binaire, médiocre soubz l'air, mar-
» chant en avant pour le premier passage, il
» faut retrograder, puis continuant le mesme
» air, on fait avec aultres nouveaux mouve-
» ments le second passage, puis les aultres
» conséquemment. »

Tabourot nous donne un type de Pavane
qui, dit-il, servira pour savoir danser toutes
les autres, et « si vous voulez, sans la dancer,
« la ferés chanter à quatre parties. Cette pa-
» vane tient deux advances et deux desmar-

» ches en trente-deux mesures et battements
» de tabourin, et pour la prolonger fault la
» recommencer tant de fois qu'il plaist aux
» joueurs et aux danceurs. »

Voici les paroles de cette pavane chantée
alors avec grand succès :

> Belle, qui tiens ma vie,
> Captive dans tes yeux,
> Qui m'as l'ame ravie
> D'un souris gracieux,
> Viens tôt me secourir
> Ou me fauldra mourir.

> Pourquoi fuis-tu, mignarde,
> Si je suis près de toi,
> Quand tes yeux je regarde
> Je me perds dedans moi,
> Car tes perfections
> Changent mes actions...

> Mon âme souloit être
> Libre de passions,
> Mais amour s'est fait maitre

De mes affections,
Et a mis sous sa loi
Et mon cœur et ma foi.

. . . .

Approche donc, ma belle,
Approche-toi, mon bien,
Ne me sois plus rebelle
Puisque mon cœur est tien :
Pour mon mal apaiser,
Donne-moi un baiser.

Plutôt on verra l'onde
Contre mont reculer,
Et plutôt l'œil du monde
Cessera de brûler,
Que l'amour qui m'espoint
Décroisse d'un seul point.

La Pavane se dansait donc à cette époque
non seulement à la Cour, où Catherine de Médicis, qui y excellait, la rendit plus gracieuse
et plus vive, mais partout et toujours accom-
pagnée du tambourin. Cet accompagnement,

constamment le même (une longue sur le
temps fort, deux brèves sur le temps levé),
contrastait par sa persistance rythmique avec
le chant de la pavane qui pouvait varier sans
que le tambourin changeât ses secousses régu-
lières. Cependant elle se modifiait peu à peu.
« Les bons danseurs agiles et gaillards y peu-
» vent faire tant et tels decoupements et ha-
» chures que bon leur semble pourveu qu'ils
» retumbent à leur cadence ; le pied apresté
» pour marcher. » La Pavane était bien la marche des cortèges et des processions galantes
se rendant au bal ; mais les sages seigneurs,
et les dames, « les matrones de bon et pudique
jugement », à l'oncontre des danses déhon-
tées introduites en sa place, regrettaient vivement la Pavane sage et noble d'allures. Sans
doute alors vint faire diversion la *Pavane
d'Espagne*, imaginée, disait-on, par Fernand
Cortez à son retour du Mexique ; c'est de là

que « les chevaliers menoient la Pavane
» sans quitter le harnois ni la cotte d'armes;
» les hommes à pied approchant des femmes
» tendoient les bras et les mantes en faisant
» la roue comme des paons », d'où le nom de la
Pavane (*Pavo*) d'après certains étymologistes.
Pour en tempérer la gravité (1), on la dansa
avec une telle diversité de gestes, de figures
empruntées à d'autres danses qu'elle en perdit
sa physionomie, au moins pour un temps;

(1) La Pavane d'Espagne comportait les mouvements suivants :

Pied gauche avancé, pieds joints pour un simple à
gauche;

Pied droit avancé, pieds joints pour un simple à
droite;

Pied gauche avancé, pied droit approché pour pied
en l'air;

Fleurets (saut) et autres gesticulations tant en
marchant qu'en rétrogradant ;

Pied joint, pied en l'air droit;

Pied en l'air gauche;

Pied en l'air droit, pieds joints.

car sous l'influence espagnole elle reprit son caractère primitif; elle devint tout à fait prétentieuse et comme telle elle fut très en honneur à la cour de Louis XIV, avant de disparaître.

On a tenté de la faire revivre au théâtre, voire même dans les salons; récemment, entre autres, un professeur distingué, M. de Soria, en a composé une qu'il a intitulée : *Pavane Médicis*, et qui nous paraît donner l'idée des pas et des mouvements, sinon des attitudes de l'ancienne Pavane. Nous nous en permettrons une brève description.

« Cette danse doit être exécutée par deux couples en pas marchés sur une mesure à quatre temps lente. Elle demande une allure majestueuse et une grâce parfaite.

» Le pas qui est fait pendant toute la du-

rée de cette pavane est appelé : pas marché.
Voici comment il s'exécute :

» Marcher en glissant de la pointe du pied ;
un pas par temps de musique, si c'est du pied
droit que l'on commence : pied droit, pied
gauche, pied droit, pied gauche ; pour exécuter la deuxième mesure, recommencer du
pied gauche. Le quatrième pas est un pas
allongé et élevé légèrement, la jambe en
avant.

» Les cavaliers se placent en face de leurs
dames, font un salut en faisant un quart de
cercle à droite, et les dames une révérence en
faisant un quart de cercle à gauche, puis ils
se donnent la main, le cavalier soutenant la
main gauche de sa dame dans sa main droite,
les bras allongés de part et d'autre, légèrement arrondis, et ils s'avancent en face de

leur vis-à-vis. Le cavalier conduit ensuite sa dame au centre en changeant de place, il termine ce trajet en frappant légèrement le sol de la pointe du pied droit quatre fois (une mesure), fait un pas à gauche et frappe de nouveau quatre fois du pied gauche. Puis il exécute un pas coupé à droite, un autre à gauche. Les dames changent de place avec leurs cavaliers en faisant le pas marché. Nouveau pas coupé et ensuite balancé par changement de main et de place en exécutant une pirouette. A leur tour les dames, en se tenant écartées, s'avancent l'une vers l'autre; elles font quatre pas à droite, révérences à gauche et à droite, et changent de cavaliers, aller et retour. Enfin, les cavaliers et les dames, après deux saluts et révérences, forment un moulinet, et chaque cavalier allonge le pied gauche en avant, jambe tendue, pointe du pied à terre, et avec sa main droite, prend la main

gauche de sa danseuse en l'élevant un peu
au-dessus des épaules et en arrière, la dame
allonge le pied droit en ayant sa jambe tendue dans cette position ; on fait un balancé,
en reprenant sa place primitive : les cavaliers
tournent à gauche et les dames à droite et
tous terminent par un salut et une révérence
à droite et à gauche. »

CONCLUSION

A ce moment où, près de mettre la dernière main à son ouvrage, l'auteur termine en s'adressant, sous le voile de la modestie, des félicitations plus ou moins adroites, il me vient un scrupule, ou pour mieux dire une grande terreur. Il me semble entendre déjà le lecteur comparer l'exiguïté de l'œuvre et la présomption du titre : *Nouveau Guide complet de la danse*, dit-il en fermant le livre pour regarder la couverture. *Nouveau*, passe encore ; mais *complet !* Le rire qu'il me semble entendre glace mon enthousiasme ; car, en jetant les yeux sur ce même titre et sur cette même couverture, j'allais m'écrier :

« Ces deux *adjectifs* joints font admirablement. »

L'épithète de *complet*, à mes yeux, était un de ces mots qui, ainsi que ceux de l'arabe débité au bourgeois gentilhomme, en disent plus qu'ils ne sont gros. Mais je sens qu'il faut que j'en donne la traduction en simple langage. Je m'explique donc :

Le jeune homme qui veut se lancer dans le monde ne pense jamais avoir fait assez ample

provision d'armes défensives et offensives.
Or, les armes de cette guerre toute conser-
vatrice qui a pour théâtre un salon sont les
agréments qui ont pour source l'art, la science
ou l'esprit. A ce jeune homme mon adjectif
complet dit : Dans ce petit livre est traité,
effleuré, si vous voulez, tout ce qu'il importe
de savoir sur la danse. C'est un *guide* que
vous pouvez suivre. Ce *cicerone* parle peu : il
ne vous ennuiera pas.

Sitôt qu'il apparaît une de ces fleurs, le
plus souvent éphémères, qu'on appelle des
nouveautés, mes confrères de province accourent comme des abeilles voyageuses. Puis,
pour grossir leur butin, ils vont partout cher-
chant, partout fouillant, et souvent l'or qu'ils
déterrent sous de pompeuses annonces dans
la quatrième page des journaux n'est qu'un
clinquant dédaigné. A ceux-là le mot *complet*

en dit encore plus : les nouveautés qui ont
résisté à l'épreuve du monde, qui ne sont pas
restées confinées dans les salons de l'inven-
teur, sont toutes là décrites et expliquées.
Une fraîche gloire qui date d'hier, c'est celle
de *the Lancers*, ce Quadrille d'européenne
renommée : vous avez ces figures longuement
développées. Mais il fallait donner à ce petit
recueil, ce piquant, cet attrait si puissant pour
l'esprit français : la nouveauté. Comme l'In-
dien, collant son oreille à terre pour savoir si
ce frémissement qu'il entend est le pas d'un
ennemi qu'il faut fuir ou d'une proie sur
laquelle il faut bondir, j'ai prêté l'ouïe à tous
ces bruits précurseurs des chutes ou des
succès.

On parlait de Mazurka. Apprenant à droite,
questionnant à gauche, j'ai fini par avoir foi
en sa fortune. Voilà pourquoi j'ai cru ne pas

devoir passer sous silence la danse polonaise.

Ce mot *complet* est quelque peu sorcier : Il dit encore : soyez convaincu que, si le monde adopte quelque innovation, ce livre voudra mériter son titre et s'augmenter de cette nouvelle danse.

Il me reste à parler du Cotillon. J'espère qu'on trouvera dans les figures décrites matière à développements. J'aurais pu doubler le format par l'adjonction de cent autres ; mais j'aurais enlevé à ce guide l'avantage d'être portatif. Et, comme les figures de fond y sont toutes, comme chaque nouveau Cotillon dansé apprendra au danseur une ou plusieurs figures nouvelles, comme l'imagination de chacun peut augmenter le nombre de celles qui ne sont que d'agréables mystifica-

tions et de petits jeux d'espièglerie, j'ai cru
devoir terminer là cet ouvrage, me rappelant
cette maxime, vraie sous une forme para-
doxale : Le mieux est l'ennemi du bien.

FIN

TABLE

ÉMILE COLIN — IMPRIMERIE DE LAGNY

LIBRAIRIE MARPON ET FLAMMARION

E. FLAMMARION, Succr

26, rue Racine, près l'Odéon.

UN DES PLUS GRANDS SUCCÈS
de la Librairie Moderne

rès de quatre millions de volumes répandus sur tout le globe depuis l'apparition de cette Bibliothèque économique.

AUTEURS CÉLÈBRES
à 60 centimes le volume.

Le but de la collection des *Auteurs célèbres* est de mettre entre toutes les mains de bonnes éditions des meilleurs écrivains modernes et contemporains.

Sous un format commode et pouvant en même temps tenir une belle place dans toute bibliothèque, il paraît chaque quinzaine un volume

CHAQUE OUVRAGE EST COMPLET EN UN VOLUME

En jolie reliure spéciale à la collection 1 fr. le volume.

(Envoi franco contre mandat ou timbres-postes).

AVIS DE L'ÉDITEUR

Le but de la collection des *Auteurs célèbres*, à **60** centimes le volume, est de mettre entre toutes les mains de bonnes éditions des meilleurs écrivains modernes et contemporains.

Sous un format commode et pouvant en même temps tenir une belle place dans toute bibliothèque, il paraît chaque quinzaine un volume

CHAQUE OUVRAGE EST COMPLET EN UN VOLUME

En jolie reliure spéciale à la collection, 1 fr. le vol

ENVOI FRANCO CONTRE MANDAT OU TIMBRE

Imprimerie LANORE, rue de Fleurus, 9, à Paris.

www.ingramcontent.com/pod-product-compliance
Lightning Source LLC
Chambersburg PA
CBHW070353090426
42733CB00009B/1403